Créateur mon frère, les mots vides issus de leur tête folle cherchent à salir ce qui jaillit : c'est une raison de plus pour toi, Créateur mon frère, de faire de ta vie un perpétuel jaillissement !



Clou mon frère fou, comme les flammes du brasier ta démence te fait danser, et ils ont beau te doucher, ils n'arriveront jamais à éteindre le feu dense que j'ai toujours vu briller, même lors de tes plus terribles souffrances, dans tes yeux immenses.



Créateur mon frère, si goutte de rosée sur violette cachée ne t'inspire rien, mon cœur se verra dans l'obligation de te renier. Créateur mon frère, si tu passes à côté du simple, tu ne seras jamais en mesure d'être plus.



Créateur mon frère, ne te pose pas la question : suis-je ou ne suis-je pas ? Créateur mon frère, vis, souffre et sois !

Créateur mon frère, n'oublie jamais que si de ta vie tu veux faire un chef-d'œuvre, il te faudra, avec la main forte du forgeron, prendre l'outil et tailler dans ta chair : sans anesthésie.



Créateur mon frère, tu es un terrien à part entière, et c'est pour cela que tu sais, Créateur mon frère, que la terre ta mère ne vit que parce qu'elle est perméable à la lumière que diffusent toutes les sphères de l'Univers.



Clou mon frère fou, tu es un oiseau paradoxal et bien que souvent ta maladie te rende banal, lorsque vient la magie des intervalles, tu voles sans jamais avoir appris.



Créateur mon frère, si de ton œil s'écoule une larme sincère, n'essuie pas ton visage : laisse le vent faire.



La femme comme la nature sous le vent est harmonie des courbes, et de ces courbes-là homme dégénéré tu as fait un cercle vicieux. A toi, homme qui as su garder un regard fier et un cœur riche, à toi Créateur mon frère, je dis : mets tout en œuvre pour redonner à la femme l'amour vrai, fais de cette harmonie des courbes qui compose la femme, un cercle lumineux.

Clou mon frère fou, tu es un misérable hère qui erre dans des mondes sidérés : il ne faut pas pour autant absolument te désespérer, parce que moi qui t'ai souvent entendu hurler, persécuté par le martyr de ta démence, j'ai perçu dans ton cri d'agonie des vibrations positives qui ont beaucoup à voir avec l'enfance intuitive. Clou mon frère fou, il se pourrait bien que tu sois capable de transmuter un jour les mondes sidérés, en mondes sidéraux.



Créateur mon frère, pour que véritablement tes écrits soient dignes, fais en sorte qu'ils soient mieux qu'utiles : fais en sorte Créateur mon frère, qu'ils soient fertiles.



Créateur mon frère, si en être désencombré tu fixes l'enfant dans les yeux, dans le fond de ses prunelles tu pourras voir Dieu.



Clou mon frère fou, lors de ta naissance, le cordon ombilical te serrait la gorge : tu as failli en mourir. Mais, Clou mon frère, ce cordon, ce cercle de chair, c'est par lui que tu rejoins le créateur. Car, Clou mon frère fou, cette corde étrange qui étrangle les débuts est aussi une auréole, une aura ; une aura Clou mon frère fou, semblable à celle qui émane du créateur, ton frère.

CHANT 41 p. 385

Clou mon frère fou, ne t'étonne pas si tu as souvent dans la bouche un goût salé. Car si tu as cette impression, ce goût proche de la mer, c'est parce que la mer en toi rugit et qu'elle laisse en se retirant, sur ta langue hypersensible, des bribes d'elle-même, des séquelles de sel.

CHANT 42 p. 393

Créateur mon frère, l'absolu n'est pas à la portée de l'homme ; mais dans le cœur de l'homme.

*A ma femme, petite flamme, sans laquelle je n'aurais jamais pu extraire de mon état d'éphémère ces bribes de lumière.*

*A Frédérique ma fille : elle seule a été capable de me faire sentir véritablement ce qu'est une violette, qui s'ouvre pour recevoir la rosée.*

*A Daniel mon petit-fils, mon frère par le cœur ; en réponse à son premier cri de nouveau-né.*

*A Dominique mort à 19 ans : toujours présent par l'amour qu'il a su nous donner... et qu'il nous donne encore.*

*A tous ceux qui ont vécu avec moi et les nuits et les jours, et les crépuscules et les aurores, et le sentir de la Vie et le sentir de la Mort.*

Créateur mon frère, Clou mon frère fou, vous êtes tous deux comme l'éclair, jaillis du TOUT.

Clou mon frère fou, Créateur mon frère, vous êtes tous deux des phénomènes remplis de soufre, vous êtes des fragilités aptes au sentir... au voir.

Créateur mon frère, Clou mon frère fou, vous êtes capables de jauger la profondeur du gouffre ultime, sans jamais, à cause de la lumière qui a présidé à votre venue première sur la terre, sombrer dans ses abîmes : dans ce gouffre où tout fragile phénomène qui par sa bouche béante se laisse attirer, définitivement s'abîme.

## CHANT 1

Créateur mon frère, les mots vides issus de leur tête folle cherchent à salir ce qui jaillit : c'est une raison de plus pour toi, Créateur mon frère, de faire de ta vie un perpétuel jaillissement !

Créateur mon frère, si un jour tu rencontres des philosophes et qu'avec toi ils veulent entamer une conversation, fuis-les, Créateur mon frère. Car tout ce que te diraient ces éphémères bavards pourrait, si par complaisance tu les écoutais, faire de toi un énorme vide : vide, Créateur mon frère, qui est la tare de ceux qui parlent trop ; vide, Créateur mon frère, qui est la tare de ceux qui écoutent trop ceux qui parlent trop. Et cette tare-là, Créateur mon frère, s'appelle : encombrement par le vide.

Créateur mon frère, pour être digne du don que t'a fait Dieu ton père, fais en sorte que ta vie danse, chante et rit, bien au-delà de toutes les dialectiques bavardes issues des philosophes tes faux frères. Car si tu écoutais leurs paroles amères, qui parfois prennent l'apparence de la lumière, il se pourrait bien alors que tu finisses misérable, transi de froid sous les hardes, seul don que sont capables de te léguer les philosophes bavards.

Créateur mon frère, pour éviter une telle misère, fuis tous ceux qui, faute de sentir le chant, la danse et le rire, veulent expliquer l'Immense.

***

Créateur mon frère, la poétique doit être ta seule éthique, car ce que dit le poète ton frère est exactement le contraire de ce que disent les philosophes aux éthiques nombreuses. Créateur mon frère, je t'en supplie, ne perds pas l'instant qu'est ta vie en de vaines dialectiques philosophiques. Fais plutôt de ta vie, Créateur mon frère, une danse, un chant et un rire dédiés à la lumière : la lumière, Créateur mon frère, qui elle, envers et contre tout, se passe de commentaires.

*
**

Créateur mon frère, ne juge pas ! car même s'il est doué, ton état d'éphémère ne te le permet pas. Ne juge pas, Créateur mon frère, mais sois sévère avec ceux qui ont fait de la terre, leur mère, une misère. Créateur mon frère, sois attentif à la voix profonde qui dit : « Ne juge pas si tu ne veux pas être jugé ; malgré tout, Créateur mon frère, il te faut, tu m'entends bien, savoir faire de ta vie d'éphémère une progression sévère, afin de juger, sans les juger, ceux qui ont crucifié la terre ta mère. Et si, Créateur mon frère tu me disais que mes paroles ne sont pas claires, je te répondrais : être sévère envers ceux qui tuent n'est pas jugement, mais acte, acte qui veut préserver la santé du monde phénoménal, afin que le sentir profond de l'unité soit par le phénomène perpétué.

*
**

Créateur mon frère, lorsque viendra la nuit dernière, la nuit issue de leurs mauvaises manières, fais en sorte, Créateur mon frère, de garder le plus longtemps possible tes deux pieds sur la terre ta mère, afin de pouvoir contempler de ton point d'appui initial, le ciel. Car le ciel, Créateur mon frère, qu'il soit diurne ou nocturne, est toujours, pour celui qui sait voir, constellé d'étoiles. Créateur mon frère, ne te conduis pas comme les rats qui désertent ce qui sombre, parce qu'ils se nourrissent d'ombre. Créateur mon frère, si tout vacille, si la terre ta mère agonise, crie et hurle avant que ne t'engloutisse le dernier cratère sur son ventre ouvert par les éphémères qui dégénèrent. Avant que ne t'engloutisse le dernier cratère, Créateur mon frère, hurle, chante et crie en osmose avec la terre ta mère, qui sous leurs coups répétés agonise. Créateur mon frère, le cri de la terre ta mère et ton cri, unis dans une parfaite osmose, peuvent faire naître une infinité d'étoiles, et c'est pour cela, Créateur mon frère, que, du plus profond de mon être, je te crie : malgré la misère qu'ils ont fait de la terre ta mère, ose !

⁂

Créateur mon frère, lorsque tu évoques le nom de Dieu ton père, s'ils te font un procès de paternalisme, ne leur réponds rien : mais danse, chante et ris pour qu'en toi vibre l'Un.

⁂

Créateur mon frère, même si, par leur médiocrité, ils arrivaient à faire de la terre une parcelle inhabitable ; Créateur mon frère, même si, à force d'égocentrisme et de monstruosité, ils parvenaient à changer en poussière ce qui est compact, ce qui est compact parce que relié par la lumière, même, Créateur mon frère, s'ils arrivaient à faire de la planète un désert de sables mouvants, même, Créateur mon frère, s'ils voulaient t'entraîner dans leur vie qui de plus en plus, à force d'égocentrisme et d'inconscience, dégénère ; Créateur mon frère, toi qui es conscient, pleinement conscient de toute cette grande misère, ne te laisse jamais aller à leur « désespère », reste digne, Créateur mon frère, digne afin de faire sentir à Dieu ton père qu'il ne t'a pas créé en vain. Créateur mon frère, aussi noire que puisse être la nuit, pour celui qui sait voir dans le sombre, dansent des êtres lumineux qui signifient l'espoir.

⁂

Créateur mon frère, laisse l'être voir que l'avoir est un paraître qui empêche de véritablement naître !

⁂

Créateur mon frère, si la force qui te vient de la lumière rend à merci ton adversaire, penche-toi sur sa faiblesse et oublie, Créateur mon frère, que, si toi tu avais été faible, il t'aurait tué sans pitié !

*
**

Créateur mon frère, maintenant il est temps pour toi de ne plus être dupe de leurs chimères. Créateur mon frère, même si l'humanité dégénère, cela ne doit pas t'empêcher de fleurir comme un pavot pourpre au milieu de leur ignoble charnier. Créateur mon frère, ce que je viens de te dire n'est pas propos de pessimiste ; Créateur mon frère, le chant guttural que je viens pour toi d'entonner est conscience claire de la réalité : la réalité, Créateur mon frère, que la plupart des hommes ont bafouée, oui ! Ils ont bafoué le réel, mais, Créateur mon frère, je te le dis : ils n'ont en vérité bafoué que l'illusion du réel, car la vie, seule réalité, leur est inaccessible. Et tu le sais bien, toi, Créateur mon frère, qu'une source enfouie au plus profond de la terre rejoint l'infini des sphères, et cette source-là, Créateur mon frère, est Vie, donc réalité. Une réalité que leurs mains sales ne pourront jamais toucher. Créateur mon frère, tends-moi la main et tous les deux dansons sur le chant sublime de ceux qui savent sans jamais se l'avouer. Sans jamais se l'avouer, Créateur mon frère, car c'est ainsi, même ton état d'éphémère doué ne peut sans en mourir fixer l'éclair qui, dans la magie de son instant, fait entrevoir ce que c'est que de transcender et l'espace et le temps.

*
**

Créateur mon frère, méfie-toi de ceux qui ricanent lorsque de tes profondeurs s'exprime en gerbes d'or ton enthousiasme. Méfie-toi de ceux-là, Créateur mon frère : ce sont des éphémères qui ont perdu la saveur du sincère. Créateur mon frère, ne permets à personne d'empêcher les vibrations, qui en toi résonnent, de s'exprimer. Car si tu perdais ton temps à répondre aux ricanements par des ricanements, ce qui en toi vibre pleinement pourrait s'altérer, et si cela était, Créateur mon frère, tu ne pourrais plus jamais rire, chanter et danser en être désencombré.

⁂

Créateur mon frère, tous les tocsins de la terre pourront bien sonner l'alarme, l'énergie, de la matière arbitrairement libérée, ne t'empêchera pas de sentir avant qu'ils annihilent totalement ce qu'ils appellent matière, ne t'empêchera pas, te dis-je, Créateur mon frère, de voir s'inscrire au fer rouge l'X de la lumière sur ton cœur. Ton cœur, Créateur mon frère, qu'ils s'entêteront, et ce jusqu'au bout, à appeler matière.

⁂

Créateur mon frère, ils sont devenus les tristes compagnons de l'or vulgaire, de l'or qui bafoue, de l'or qui prostitue, de l'or qui rend fou, de l'or qui tue tout. Créateur mon frère, n'accepte jamais de toucher ces pièces vulgaires de tes doigts sincères ; car, si tu te laissais aller à de telles faiblesses, il se pourrait bien que tu ne connaisses plus jamais l'or impalpable et sublime que chaque matin tu contemples dans le sein de l'aurore.

Créateur mon frère, tu es le contraire du vulgaire, mais ton état d'éphémère, même s'il est plus que doué, reste fragilité. Créateur mon frère, prends garde, prends garde de ne pas trahir dans un instant d'inattention le don : Créateur mon frère, tu n'es pas l'absolu, tu n'es pas Dieu, alors fais de ta vie une écoute attentive, sois vigilant. Prends des gants blancs, afin d'enlever délicatement le grain de poussière qui pourrait, si ta faiblesse faisait qu'il prolifère, détruire à jamais la sublime machine. Créateur mon frère, une poussière peut être anéantie par une autre poussière, à fortiori par une multitude de poussières. Mais, Créateur mon frère, Dieu ton père l'a voulu, dans les grains gris qui te composent, existent quelques parcelles de poussière d'or : parcelles lumineuses qui peuvent, si ton génie est en harmonie avec ton caractère, se cristalliser en une pépite d'or noble capable de te nourrir et de te désaltérer bien au-delà de toutes les vies incarnées que tu peux imaginer.

⁂

Créateur mon frère, tu es un mutant, tu es étranger dans le monde de la causalité, et si un raisonneur, pour son grand malheur, voulait expliquer les causes qui ont fait ce que tu es, il aurait à affronter, pour aboutir, un labyrinthe tel, que, même s'il parvenait à en franchir les multiples détours, il se retrouverait dans une impasse sombre où éclaterait de rire ton ombre. Créateur mon frère, ce que tu es, personne, tu m'entends bien, personne ne parviendra jamais à l'expliquer.

Créateur mon frère, tu es un mutant ; lorsque Dieu ton père t'a créé, Il l'a fait en chantant, en riant et en dansant. Créateur mon frère, tout être sur terre, un minimum sincère, ne cherche jamais à expliquer ce qui, dans le chant, la danse et le rire, a été créé.

⁂

Créateur mon frère, ne laisse jamais leur langue de vipère faire de toi un pauvre hère qui se désespère. Mieux que de t'attarder à comparer le serpent et le bavard, vois plutôt, dans le reptile qui se mord la queue, le signe d'un cercle : d'un cercle lumineux.

⁂

Créateur mon frère, je suis sûr que ton cœur sincère est capable de comprendre ce que je vais te dire : Créateur mon frère, nous sommes des incompris, et ce que je te confie là est un secret que je ne confierais à personne d'autre, car la plupart ricaneraient. Et toi et moi, Créateur mon frère, n'avons que faire de ceux qui ricanent : ces rusés, ces parasites à force de sourire, à force de ricaner ont blessé gravement la terre notre mère : la terre vivante, porteuse d'êtres vivants, exige, afin qu'elle ne devienne définitivement stérile, que nous soyons équitables. Créateur mon frère, que ce soit pendant la nuit qui la recouvre, ou durant le jour qui la découvre, nous nous devons d'être envers elle véritables. Créateur mon frère, pour respecter le don que t'a fait Dieu ton père, il te faut faire de ta vie une puissance telle que ton état d'éphémère doué soit toujours en mesure de démasquer, de démystifier tous ceux qui se cachent derrière le paravent des ricanements. Créateur mon frère, ne laisse pas tous ces amers envahir la terre de leurs sourires maladifs, car, si tu les laissais faire, il se pourrait bien alors que leurs sourires en s'unissant fassent un tel vacarme que même ton oreille attentive ne pourrait plus entendre, sur la terre ta mère, couler la source vive. Créateur mon frère, tu te dois d'être à la fois nourri par de la terre pure, animé par de l'air non contaminé, compatible avec l'eau. Créateur mon frère, je te le dis, le feu et l'eau, la flamme et la source sont loin d'être incompatibles : ils sont ces éléments, avec la terre et l'air, une unité, née de leur parfaite compatibilité.

*
**

Créateur mon frère, prends garde, tes qualités puisées à la source de l'adogmatisme, ils pourraient bien, eux les êtres du perpétuel parti pris, te les faire passer pour des défauts. Créateur mon frère, si un jour le poids de l'incompréhension devient trop lourd pour toi, appelle, crie, hurle, face à la montagne des simples, et si avec grande sincérité tu fais cela, il se pourrait bien alors qu'à la place de l'écho, ce soit la lumière qui te réponde.

⁂

Créateur mon frère, l'éloge de la folie faite par des êtres raisonnables est une escroquerie. Créateur mon frère, la folie contient la sagesse, et la sagesse, Créateur mon frère, transcende dans l'ivresse, ô sublime paradoxe, tous les raisonneurs qui se veulent équilibrés. Mais toi, Créateur mon frère, de cet équilibre-là, tu n'as que faire, car tout véritable équilibre ne peut naître que du déséquilibre : Dieu s'est morcelé.

Créateur mon frère, tout raisonneur est un infirme qui a l'impression de marcher sur un sol ferme, quand en fait il traîne sa vie terne qui ne peut le mener qu'à la mort sans aurore.

⁂

Créateur mon frère, Sagesse, Force, Beauté, Amour sont devenus des mots vains, parce que trop exploités par les gens du discours. Créateur mon frère, ces mots pour en faire des entités véritablement vivantes, il faut être capable, non de les répéter sous mille formes différentes, il faut être capable, Créateur mon frère, de les danser, de les chanter et de les rire, afin qu'Amour danse libéré, sur le rythme simple qu'exprime, avec Sagesse et Force, l'Unité.

⁂

Créateur mon frère, méfie-toi de celui qui dit : je ne cherche pas, je trouve. Méfie-toi de lui, te dis-je, car cet homme parle plus avec sa tête qu'avec son cœur. Créateur mon frère, le cœur se rit de ceux qui cherchent, de ceux qui trouvent, de ceux qui ne cherchent pas et qui trouvent quand même. Il se rit, Créateur mon frère, le cœur, de toutes ces faces blêmes qui, parce qu'ils n'ont pas la force et la simplicité de chanter, de danser et de rire, préfèrent philosopher à l'aide de mots qui mènent toujours au finir.

⁂

Créateur mon frère, je sais qu'à ta naissance tu as reçu un don : les fées ont déposé dans ton berceau le cadeau le plus difficile à porter, le génie. Créateur mon frère, si quelqu'un te disait un jour : « Pour toi, tout est facile, tu es doué. » Il te faudrait alors répondre : « Toi qui me parles de facilité, as-tu durant ta vie suffisamment souffert, as-tu vu poindre en pleine aurore tes latences, par ta souffrance métamorphosées en manifeste ? »

⁂

Créateur mon frère, méfie-toi, pour t'apprivoiser, ils veulent faire de toi un homme de spectacle : n'accepte jamais cela, fais mieux, brave les projecteurs issus de leur condition débile, et lorsque en clignant de l'œil ils voudront t'applaudir, descends de la scène où ils t'ont placé et, droit dans les yeux, fixe-les. Fixe-les, Créateur mon frère, avec grande intensité, afin de laisser passer à travers tes prunelles agrandies au plus le maximum de lumière. Une fois cette épreuve passée, observe-les, Créateur mon frère, et si tu les observes bien, tu pourras voir ceux restés debout, malgré l'éclair, rire du souvenir de leur confusion qu'ils ont maintenant, grâce à toi, Créateur mon frère, dépassée. Quant aux autres, si l'ombre les dévore, s'ils meurent faute d'aurore, ce sera bien parce que cette sentence aura jailli directement de la vie.

Créateur mon frère, n'accepte pas le rôle du mannequin sans vie mû par la lumière artificielle de leurs projecteurs faciles. Créateur mon frère, oublie toutes les chimères, tous les fantasmes nés des fausses lumières, oublie tout cela, Créateur mon frère, pour être en mesure de goûter, au plus, le calme profond que donne la vision d'un horizon non empêché.

⁂

Créateur mon frère, si un individu à l'air bonhomme, au ventre gros et aux joues rouges, vient vers toi et qu'avec une certaine gentillesse il te flatte : chasse-le, Créateur mon frère, chasse-le parce que ce bonhomme à l'abord facile, mais qui sans cesse cligne de l'œil, est un monstre, un monstre, Créateur mon frère, qui a fait de la prostituée ta sœur, une putain.

⁂

Créateur mon frère, si la plupart des hommes sont devenus des pantins perdus dans le carnaval des apparences, c'est parce qu'ils sont indignes de l'honneur qui leur est échu : l'incarnation.

⁂

Créateur mon frère, lorsque la lumière ronge, elle ne commet cet acte destructeur que pour enlever à l'éphémère sa pesanteur. Créateur mon frère, lorsque grâce et lumière dansent, le cercle enfanté par ce couple de danseurs ne peut être que solaire, parce que, Créateur mon frère, toujours lorsque grâce et lumière s'accouplent naît l'enfant premier : l'enfant premier qui annonce la venue d'un jour unique, unique parce que jamais vécu. Créateur mon frère, fais en sorte que ce jour unique annoncé par l'enfant né dans un berceau de lumière, fais en sorte, te dis-je, que ce jour soit vécu en harmonie parfaite avec le début qui balbutie ; ne fais pas comme la plupart des habitants de la terre, Créateur mon frère, de ce jour unique quelque chose d'amer, de triste, de cynique. Créateur mon frère, honore les débuts, car dans le premier vit l'unité. Créateur mon frère, honore, mais ne cherche pas à expliquer, comme les philosophes tes faux frères ont toujours voulu le faire, ce début de lumière. Car expliquer l'inexplicable est le lot de ceux qui n'ont pour nourriture que leurs tristes concepts philosophiques. Créateur mon frère, je n'irais pas jusqu'à dire que philosophie est semblable à ineptie, mais tout de même mon cœur sent de te communiquer avec nuance ceci : les philosophes aux visages blêmes n'ont jamais réussi, par leurs théorèmes, à changer une angoisse en rire. Créateur mon frère si, malgré ce que je viens de te dire, tu as du mal à te détacher de tes faux frères les philosophes, par un beau matin d'aurore pleine, va dans la forêt, cherche une clairière et lorsque tu l'auras trouvée danse, chante et ris : rends hommage à l'immense par ton chant, ton rire et ta danse. Et si tu fais cela, Créateur mon frère, tu pourras alors voir ton être tout entier, par la lumière, se régénérer dans le plus profond des silences.

⁂

Créateur mon frère, c'est parce que le simple est gigantesque, que tous les confus sont grotesques.

⁂

Créateur mon frère, ne perds jamais ton temps avec les anecdotiques : ce sont des vampires. Créateur mon frère, ton sang ce n'est pas à eux et pour eux que tu dois le donner, mais à ceux qui ont le véritable sentir de l'essentiel. Créateur mon frère, si les pétales fragiles du coquelicot rouge sont capables de résister au vent, à la pluie et au soleil, et que les éléments n'altèrent en rien son éclat pourpre, dis-toi bien, Créateur mon frère, que le pavot puise sa quintessence de vie dans le cœur des épis aux grains dorés : tribut que paie le blé à la fleur quintessenciée. Créateur mon frère, tu es un pavot rouge et ce rouge indélébile qui teinte ton état de phénomène duel, tu te dois de l'alimenter par ta souffrance profonde, ta souffrance de créateur, ta souffrance de chercheur d'immense et de dense.

⁂

Créateur mon frère, tu le sais bien, toi, qu'il existe des tarés sur la terre, et les tarés de la terre, Créateur mon frère, ce sont ceux qui à force de ricaner n'ont plus ni la force ni la perméabilité d'entendre l'enfant chanter.

⁂

Créateur mon frère, pour la norme énorme et difforme, tu es fou. Tu es fou, Créateur mon frère, parce que la norme ordinaire n'accepte pas celui d'où jaillit une autre norme inspirée par la lumière.

⁂

Créateur mon frère, comment ont-ils pu faire des mots : enfantin et naïf, des concepts pour exprimer tout ce qu'ils dénigrent et méprisent. Créateur mon frère, avoir de telles carences de vocabulaire, c'est entrer dans l'ère du vulgaire. Car, Créateur mon frère, enfant s'harmonise avec danse, naïf s'entend avec natif.

Créateur mon frère, il n'y a pas si longtemps, deux mille ans, une infime parcelle de temps, un enfant couché sur un berceau de paille, dont les brindilles d'or se croisaient en X, pour faire de la litière un berceau de lumière ; Créateur mon frère, ce nouveau-né éclairé par l'éternelle aurore possédait déjà en Lui l'étoffe du naïf que plus tard ils ont crucifié.

Créateur mon frère, lorsque tu t'exprimes, fais attention : respecte les mots que tu emploies, si tu veux, Créateur mon frère, dans tes propos rester digne, ne considère pas le vocabulaire comme une chose infime.

*
**

Créateur mon frère, je vais prononcer deux mots : « biologie » et « psychologie », et moi qui ne juge jamais, en juge sévère, je vais juger.

Premier accusé :

— Biologie...

— Comment des êtres vivants ont-ils pu, à force de prétention, s'imaginer que, dans un microscope, la vie ils pourraient cerner ?

Créateur mon frère, voici mon verdict :

— Condamnés pour manque d'humilité et de fierté.

Créateur mon frère, ce n'est pas à toi que je vais expliquer mon verdict sévère, car toi qui as un cœur qui véritablement bat, tu sais qu'il faut l'humilité pour ne pas aliéner la vie dans des concepts stériles, et qu'il faut en plus la fierté pour être véritablement vivant. Oui, Créateur mon frère, il faut être fier pour pouvoir dépasser les obsessions issues d'un intellect qui se veut sain, rationnel, cartésien, et qui en fait n'est que, s'il est employé seul, machine à balbutier, machine à projeter des ondes maladives, machine à promouvoir des malades. Malades, Créateur mon frère, sont les hommes au cerveau gros, parce qu'à force de projeter sur ce qu'ils appellent « matière », ils en font une entité molle, vide et folle.

Créateur mon frère, tu m'as bien compris ! On ne joue pas comme cela impunément avec la terre, et quoi qu'il puissent dire et faire : la VIE EST. Créateur mon frère, ensemble chantons, dansons et rions-leur au nez, afin que, s'il reste en eux une parcelle véritablement vivante, ils puissent baisser leur tête prétentieuse, vide et molle. Afin, Créateur mon frère, d'espérer, malgré tout, que dans leur être qui dégénère, reste ne serait-ce qu'un peu d'humilité et de fierté capables de leur faire renier leurs concepts ridicules et stériles. Et s'ils font cela, Créateur mon frère, ensemble et de tout cœur, nous dirons :

— Circonstances atténuantes !

Créateur mon frère, voyons le second accusé :

— Psychologie...

Toi, Créateur mon frère, qui es riche du don que t'a fait Dieu ton père, ton génie, tu ne peux pas entendre un mot comme « psychologie » sans brusquement te lever et demander des comptes à ceux qui ont voulu enfermer, dans un concept matérialiste et triste, la psyché.

Car, Créateur mon frère, percevoir le printemps, l'été, l'automne et l'hiver avec une acuité de plus en plus exacerbée prouve que l'âme, bien loin d'être un concept, est un paramètre perpétuellement mobile quant au sentir vrai et profond de la vie !

Et ce sentir, Créateur mon frère, jailli de l'âme est infini ; parce que l'âme, bien qu'elle soit éphémère, est un outil qui sert à l'humble phénomène pour rejoindre en pleine lumière : l'UN.

Créateur mon frère, voici mon verdict :

— Je condamne ceux qui ont voulu, dans un concept stérile, enfermer l'âme, à avoir pleine perception de ce qu'est le « mourir pour renaître ».

Et puis, Créateur mon frère, de tout mon cœur, je souhaite que ceux qui à cette terrible épreuve auront été confrontés choisissent dans la souffrance, malgré la peur, le chemin qui mène vers l'Unité.

***

Créateur mon frère, ton génie souvent a persécuté mon état d'éphémère : mais ce que je sens, Créateur mon frère, c'est que, dans cette atroce souffrance que tu m'as infligée, on trouve plus de lumière que dans une multitude d'êtres planifiés.

***

Je te le dis, Créateur mon frère, dans l'infime de la matière vit la lumière, et la lumière, Créateur mon frère, brûlera les éphémères s'ils ne savent pas respecter l'immense densité qui jaillit de l'infiniment petit. Entendre aussi par là, l'infiniment grand : le simple !

Créateur mon frère, la vraie misère c'est de s'imaginer que la matière est matière : elle est cette matière une opacité tout imprégnée de lumière. Créateur mon frère, au-delà de ce qu'ils peuvent dissocier existe l'Unité. L'Unité qui s'exprime par ces quatre mots essentiels, éternels, parce que mûs par le présent qui sans cesse annonce la bonne nouvelle ; ces quatre mots sont Amour - Force - Sagesse - Beauté.

Amour, Force, Sagesse, Beauté, qui ne se contentent pas d'être épelés, il faut aussi, ces quatre principes plus que dignes, les chanter, les danser et les rire.

Car la Beauté, Créateur mon frère, est tout le contraire du finir, et pour ne pas mourir il nous faut à nous autres, humbles phénomènes, pousser les vibrations à un point tel, que suant la sueur et le sang, nous percevions le doute comme une certitude apte à transcender toutes les solitudes.

Que nous le voulions ou non, de la chaîne nous sommes maillons, et plus la trempe de l'acier du maillon de la chaîne sera bonne, plus le doute se transformera en une certitude relative jusqu'à la qualité : la qualité de la relation, Créateur mon frère, qui peut nous donner la certitude d'un relatif absolu.

Créateur mon frère, toutes les latences de l'Univers peuvent, dans le creuset qu'est le médium sincère, se transmuter en une certitude d'Absolu-Unité.

Absolu et Unité, Créateur mon frère, tu pourrais me dire qu'il y a là un mot de trop, que chaque mot se suffit à lui-même, mais, Créateur mon frère, nous autres hommes ne possédons jamais assez de certitude, et c'est pour cela, Créateur mon frère, qu'il nous faut répéter les mots pleins et sacrés, même si nous avons parfois l'impression d'en dire trop. Trop, Créateur mon frère, est devenu insuffisant, il nous faut ressusciter dans le plus, parce que nous ne sommes que de pauvres hères qui à force d'incertitude pourraient bien, s'il n'existait en nous cette bribe de lumière intense et infinie, se juger comme définitivement finis.

# CHANT 2

Clou mon frère fou, comme les flammes du brasier, ta démence te fait danser, et ils ont beau te doucher, ils n'arriveront jamais à éteindre le feu dense que j'ai toujours vu briller, même lors de tes plus terribles souffrances, dans tes yeux immenses.

Clou mon frère fou, si tu savais combien il faut de sagesse pour véritablement comprendre toute ta détresse, et en faire Clou, fou mon frère, une déesse de lumière ! Clou mon frère, mon cœur sent de te dire, avant que le profond désespoir ne te fasse finir, qu'il y a plus de perception dans les éclairs de ta folie, qu'il n'y en a dans la tête sans cœur des êtres ordinaires, qui ont encore l'insanité de se moquer de l'exception que tu es Clou mon frère fou.

⁂

Clou mon frère fou, lorsque j'ai vu dans ton regard fixe briller une telle lumière, j'ai compris pourquoi ils t'avaient interné ; ils t'ont interné, Clou mon frère de démence, parce que tu voulais danser avec ton âme. Clou mon frère fou, tu m'as hurlé un jour : elle existe ! Et, sur le moment, je n'ai pas su exactement de quoi tu voulais parler. Mais lorsque je t'ai quitté, et que j'ai vu sur le chemin du retour ton être m'apparaître en pleine lumière, j'ai compris qu'une perception de l'âme telle que la tienne ne pouvait conduire ceux que la matière aliène qu'à t'enfermer pour cause d'inadaptation. Clou mon frère fou, tu es le martyr, le bafoué, le refusé, le torturé, l'aliéné, le prisonnier d'un excès dont souffrent les fantômes pesants de l'extérieur : un excès de pesanteur.

⁂

Clou mon frère fou, ils t'ont enfermé parce qu'un soir, à force de désespoir, dans l'eau tu as voulu te jeter. Depuis ce temps-là, Clou mon frère, ils t'ont interné pour te soigner, pour t'enlever le goût du suicide, pour te redonner le goût du social qui toujours doit être rentable ; depuis ce jour, ce jour où ils ont pris la décision de t'enfermer, afin de surveiller les pulsions qui t'incitent au suicide, depuis ce jour-là, Clou mon frère de démence, Clou l'étrange, Clou l'étranger, Clou le percé, Clou le persécuté, Clou le trompé, Clou le torturé, Clou le mutilé, Clou l'immense ! Depuis ce jour-là, ils ont cherché à faire de ton suicide sincère une captivité atroce. Clou mon frère, ils t'ont sauvé de la noyade dans le but peu avouable de hisser entre toi et la vie d'énormes palissades. Clou mon frère fou, tu es enfermé dans l'univers concentrationnaire, tu es parqué comme une bête étrange. Clou mon frère fou, si de ce troupeau parqué tu sens de te détacher, même si pour cela ta laine de mouton doit s'imprégner de sang rouge, et faire tache parmi la fadeur blanche constituée par des êtres en blouses qui vers rien ne penchent ; Clou mon frère fou, ne sois pas avare de ton sang, parce que si avec ton cœur tu t'entêtes, il se pourrait bien qu'un jour tu te transformes en bélier dont la robe de pourpre et d'or serait comme un hommage rendu à chaque Aurore.

Mais, Clou mon frère fou, je sais bien que la comparaison avec le bétail ne finira pas sur le sublime détail que mon être venu de l'extérieur, projetait ; je sais bien, Clou mon frère fou, qu'un jour aux abattoirs, à l'aide de pilules, de piqûres et d'ondes électriques, ils finiront par conduire ta carcasse pourtant unique.

Clou mon frère fou, même si tout ton être a peur de cette mort, songe, songe à ta capacité instinctuelle qui te fait rendre un hommage toujours actuel aux Aurores pleines et inhabituelles.

## CHANT 3

Créateur mon frère, si goutte de rosée sur violette cachée ne t'inspire rien, mon cœur se verra dans l'obligation de te renier. Créateur mon frère, si tu passes à côté du simple, tu ne seras jamais en mesure d'être plus.

Créateur mon frère, lorsque tu es amer, songe qu'il existe des êtres de par le monde qui comme toi vivent des hauts et des bas. Et même, Créateur mon frère, si ces êtres ne semblent pas aussi doués que toi, ne les juge pas mais rappelle-toi : rappelle-toi tes débuts d'être terre à terre qui, faute d'entrevoir la moindre parcelle de lumière, ne bougeait qu'en rampant.

Créateur mon frère, n'oublie jamais que la vie doit se gravir sur l'escalier et que la marche sur laquelle tu te tiens ne doit jamais te servir de piédestal. Créateur mon frère, ne juge pas ceux qui comme toi cherchent de toutes leurs forces à gravir l'escalier, même si leurs pas te semblent désordonnés, peu assurés. Créateur mon frère, j'espère que tu as compris mes propos, ils veulent dire : aime de toutes tes forces ceux en qui tu sens véritablement le vivant, même si la vie, Créateur mon frère, en eux n'est qu'une approche timide de la lumière. Créateur mon frère, aime de toutes tes forces les sincères, car ce sont eux, Créateur mon frère, qui t'aident à vivre ailleurs que dans les déserts. Créateur mon frère, il faut toujours te méfier des lieux désertiques : dans ces contrées inhumaines, dans ces contrées vides de vie, dans ces contrées vides de chair et de sang, existe un diable sordide et misérable qui a pour nom : MOI. Et lorsque dans l'être, Créateur mon frère, ce démon rugit, il se fait à un tel point terrifiant qu'il coupe l'accès à la source du Soi qui, elle seule, profondément désaltère.

*
**

Créateur mon frère, chaque page sur laquelle tu écris est un cri poussé par l'arbre assassiné qui meurt pour te donner des feuilles de papier. Alors, Créateur mon frère, avant d'écrire quoi que ce soit, fais une retraite au bord de la mer et profite, Créateur mon frère, d'une aurore pleine pour écrire sur le sable blond toutes les paroles issues de ton cœur sincère et puis, Créateur mon frère, quitte la mer. Mais surtout, sur le chemin du retour, ne sois pas triste, ne pense pas que tes paroles seront perdues, car, Créateur mon frère, mieux que le papier issu des arbres tués, la mer sait toujours reconnaître ce qui est profondément sincère. Créateur mon frère, je te le dis, c'est comme cela que l'on devient véritablement marin.

*
**

Créateur mon frère, ne laisse pas tes ennuis d'éphémère t'encombrer à un point tel que, lorsque tu passes près d'une femme qui dans son ventre porte un enfant, tu ne continues ton chemin sans avoir rien senti de profondément troublant. Créateur mon frère, si l'amère condition parvenait à faire de toi un tel somnambule, meurs volontairement pour renaître dans un pays, Créateur mon frère, où l'on respecte et l'enfant et la mère, dans un pays, Créateur mon frère, où l'on considère dans l'incarné et la chair et le sang et la lumière.

*
**

Créateur mon frère, que le don que t'a fait Dieu ton père : ton génie, ne te fasse jamais oublier qu'en plein centre de l'X de la lumière, resplendit un soleil qui transcende toutes les approches conceptuelles, même celles des êtres les plus doués.

***

Créateur mon frère, lorsque ton visage dans l'eau pure se reflète et que se dessine dans le frisson de l'onde une aura autour de ta tête, Créateur mon frère, ne t'attarde pas à contempler dans le miroir ce cercle de lumière, vois plutôt si ton cœur est assez pur pour entendre au printemps l'humble passereau chanter la vie dans le souffle tiède du vent : le vent qui porte en son sein, comme la mère son enfant, les mille senteurs jaillies du printemps.

***

Créateur mon frère, lorsque par les sentiers chauds irradiés de printemps, tu te promènes, prends garde ! fais en sorte que ton état d'élu ne te monte pas à la tête et qu'avec sincérité mais sans naturel tu ne deviennes un penseur qui, lorsqu'il marche sur un sol chaud, oublie tout ce que le printemps, par sa magie du commencement, rend manifeste : senteurs, cris d'oiseaux, vents tièdes et profondément parfumés. Créateur mon frère, si tu es véritablement mon frère créateur, tu m'auras bien compris : alors aux senteurs qui s'expriment, à la vie qui se manifeste, tu ne te permettras jamais d'ajouter quoi que ce soit.. Mais, Créateur mon frère, si comme mon cœur le sent tu es un véritable, tu répondras à l'appel de mon cœur par un rire qui ne cessera que lorsque nos rires fondus en UN se seront intégrés au silence qui sanctifie.

*
**

Créateur mon frère, n'aie jamais la faiblesse de croire qu'avec ton génie, la vie commence et finit ; car si tu croyais cela, Créateur mon frère, tu ne serais plus alors en mesure d'entendre le chant sublime de ceux qui, à force sur terre d'être dignes, ont laissé la trace indélébile de leur sang plus lumineux que rouge.

*
**

Créateur mon frère, lorsque tes yeux se lèvent vers le ciel et que le don de Dieu te fait t'y reconnaître, te fait te retrouver dans l'étoile rose qui brille et irradie au plus profond du ciel nocturne ; Créateur mon frère, que la communication avec cette étoile ne te fasse pas oublier ton état de phénomène qui crée. Créateur mon frère, si en toi la vanité remplaçait la fierté, la bassesse l'humilité que t'impose ton génie, tu serais destitué. Créateur mon frère, c'est le regard neuf d'un enfant dans lequel j'ai vu une interrogation qui se répétait comme un éternel retour, qui m'a inspiré les paroles que je viens de prononcer.

*
**

Créateur mon frère, si un jour tu t'apercevais que tes paroles redoutables blessent à mort ceux qui t'aiment, n'hésite pas, Créateur mon frère : coupe-toi la langue et va réapprendre en plein désert, par le geste muet, à communiquer avec tout ce que Dieu ton père sur terre a créé.

*
* *

Créateur mon frère, si tu veux garder toute la souplesse à ton corps qui te fait danser, ne réfléchis jamais sur la vie ; car, Créateur mon frère, tu pourrais devenir un philosophe qui, de surplus, se dirait lumière. Alors, Créateur mon frère, aime plus que ne réfléchis ; mais puisque tu es créateur, mon frère, ce n'est pas à toi que je vais apprendre tout cela, car tu le sais bien : aimer, c'est aussi réfléchir, mais réfléchir la lumière.

*
* *

Créateur mon frère, ne confonds jamais sourire et rire : tandis que le sourire amène sur le visage les rides, le rire est un jaillir qui transcende toutes les rides, parce que lui, contrairement au sourire, n'est pas avide.

*
* *

Créateur mon frère, malgré le don que t'a fait Dieu ton père, tu peux avoir certaines faiblesses. Mais ne passe jamais à côté de l'équité que tu te dois de rendre à tout ce qui vit. Créateur mon frère, si tu oubliais ce principe, il se pourrait bien que Dieu à jamais te renie, qu'Il fasse de toi un pauvre hère fonctionnant à l'envers, c'est-à-dire, Créateur mon frère, marchant le dos tourné à la lumière. Alors, Créateur mon frère, méfie-toi de cette marche à l'envers car elle peut te conduire au noir absolu et définitif.

⁂

Créateur mon frère n'oublie pas qu'à force de crier dans le désert on peut très bien mourir frappé par l'écho : l'écho, Créateur mon frère, qui n'est jamais en mesure de faire la nuance entre subjectivité et amour, amour, Créateur mon frère, qui, si tu ne te contentes pas d'appeler dans les déserts, te répondra par le cœur des êtres sincères faits de sang et de chair.

⁂

Créateur mon frère, si l'intuition de la réincarnation te faisait compter le nombre de tes incarnations probables sur cette terre, nécessaires pour rejoindre la lumière, il se pourrait bien que tes calculs de visionnaire te mènent à la mort sans renaissance. Créateur mon frère, ne te conduis pas en intellectuel, n'écoute pas ceux qui te disent avoir des ailes, ne compte pas, Créateur mon frère, même en chiffres de lumière : mais sois. Sois simple et sens, sens que l'UN est le seul vrai.

⁂

Créateur mon frère, lorsque tu es allongé sur un tapis de feuilles épais, songe, Créateur mon frère, que ce tapis pourrait s'ouvrir et t'ensevelir. Et si cela arrivait, Créateur mon frère, avant que la dernière feuille ne recouvre ton corps d'éphémère, il te faudrait regarder une dernière fois la lumière et te poser la question : suis-je suffisamment propre pour ne pas salir cet humus qui sent si bon ?

*
**

Créateur mon frère, l'amour est quelque chose d'énorme qui dépasse et de loin les normes que veut t'imposer le petit être en toi, malgré tout, resté. Créateur mon frère, tu le sais bien toi qu'il y a des meurtres sublimes : Créateur mon frère, afin qu'en toi naisse véritablement l'aurore, tue le nain qui en toi ronge et contamine comme une vermine ton sang. Créateur mon frère, fais en sorte que ton sang garde toujours les nuances profondes du pavot pourpre, pour qu'il ne fasse pas tache lorsque viendra le moment de vivre ton aurore pleine.

*
**

Créateur mon frère, ne néglige jamais l'adversaire, même s'il est médiocre, réponds plutôt aux attaques répétées de la condition par un mourir et un renaître volontaires, afin de dépasser le paraître qu'elle fait naître en toi. Créateur mon frère, il te faut pour vivre véritablement, sentir, comprendre que se contenter de l'éducation que donne la condition, c'est survivre en bâtard de la vie et, de ce fait, se priver de l'ivresse saine, offerte à tous ceux qui ne se contentent pas des à priori.

*
**

Créateur mon frère, sans jamais vouloir juger, le naïf est le plus redoutable des juges : car il oblige tout être, qui a gardé en lui un minimum de vie sensible. à se juger lui-même.

*
**

Créateur mon frère, ne fais jamais saigner les autres si tu n'es pas capable de t'écorcher toi-même.

Créateur mon frère, la vie à toi s'est donnée, alors fais en sorte que ton sang riche de tous les humus coule suffisamment pour irriguer ce qui par Dieu t'a été donné : la vie.

Créateur mon frère, ta force lorsqu'elle s'exprime te fait peur, mais sous peine de paraître fade à la lumière, assume ce que par amour la vie a fait de toi : ton état de médium.

Créateur mon frère, même si tuer dans l'autre l'anecdote égocentrique te laisse dans la bouche un goût de meurtre, malgré cela, tue, tue pour voir sortir de l'ultime épreuve par toi transmise, un être vrai, un être libéré de toutes anecdotes, un être perméable qui ne craint pas la lumière, parce qu'il a la faculté de la laisser passer, cette toute belle, à travers son être libéré.

*
**

Créateur mon frère, l'intelligence comme le cœur sont dons de Dieu ; mais, Créateur mon frère, méfie-toi, méfie-toi de ne pas laisser ton intelligence empiéter par trop sur ton cœur, car si tu faisais cela, Créateur mon frère, cela voudrait dire que tu confonds l'outil avec ce qui le commande. Créateur mon frère, l'intelligence doit être l'outil du cœur et jamais le contraire, car toutes les chimères issues de l'intellect, lorsqu'il se veut dictateur du cœur, ne sont que des chemins qui mènent au gouffre : au néant. Créateur mon frère, l'intellect est un outil, le cœur une mère, la mère qui elle seule est capable de faire de l'outil un ciseau apte à sculpter la lumière.

⁂

Créateur mon frère, ne cherche pas à philosopher sur les concepts « homme et femme ». Créateur mon frère, si tu te laissais aller à cette facilité, il se pourrait alors qu'arbitrairement tu deviennes le triste générateur de la confusion de l'UN. Créateur mon frère, homme et femme sont enfants de lumière et une tête trop lourde à force de se forcer à expliquer ne sera jamais en mesure de résoudre l'ultime problème. Une tête par trop manœuvrée explique tout, sauf l'essentiel : les battements du cœur assoiffé d'UNITE.

⁂

Créateur mon frère, tu te dois d'accepter toutes les remises en cause issues des cœurs sincères. Mais, Créateur mon frère, tu te dois également de rejeter violemment toutes les remises en cause venues de ceux qui sans cesse clignent de l'œil. Créateur mon frère, si un individu en bonne santé te conteste, recherche avec grande sincérité ce qui, dans le moment, a pu te faire régresser. Et lorsque tu auras trouvé la cause de ta régression, ton cœur, dans un élan libéré, haussera ton être sur la pointe des pieds. Alors, Créateur mon frère, tu pourras danser avec celui qui t'a dit : « Mon frère Créateur, il est possible d'élever la danse, le chant et le rire à un niveau tel, que ces trois principes essentiels quant à la vie du fragile phénomène pourront te faire percevoir avec netteté et le clair et l'obscur, et le blanc et le noir. » Créateur mon frère, si ton chant, ta danse et ton rire sont profondément sincères, ton être rempli de santé fuira l'obscurité, et tes trois activités de principe, la danse, le chant et le rire pourront alors se fondre en UN, et tu pourras, Créateur mon frère, fort de cette unité qui en toi danse, rendre un hommage humble et fier à la lumière immense.

⁂

Créateur mon frère, si celui que tu éveilles dans un premier temps t'insulte, ne te formalise pas. Rappelle-toi, rappelle-toi plutôt que c'est à force de t'insulter toi-même que le petit point lumineux, de ton profond, a jailli. Créateur mon frère, percevoir après l'extrême amer ce petit cercle solaire vaut la peine de souffrir, puisque, Créateur mon frère, la souffrance est le seul chemin qui mène à la lumière.

***

Créateur mon frère, on ne peut vivre sans le moi, car lui aussi est don de Dieu. Mais, Créateur mon frère, méfie-toi tout de même du moi qui se cache dans les latences, parce que si celui-là tu le laissais devenir trop dense, il se pourrait alors que ce moi non contrôlé fasse de ta vie une dégénérescence : dégénérescence qui condamnerait à jamais la venue à la lumière de tes latences profondes, de tes latences premières.

***

Créateur mon frère, lorsque ton état de médium t'incite à contempler la lumière, ne cligne pas de l'œil, car toute approbation par toi recherchée en cet instant divin serait issue de l'ombre : l'ombre où se meuvent d'un pas bancal toutes les séquelles maladives issues du moi.

***

Créateur mon frère, écrire pour écrire, c'est salir la feuille blanche issue de l'arbre, qui donne sa vie pour fabriquer des feuilles. Créateur mon frère, ne t'amuse jamais au jeu prétentieux et vaniteux de l'écrivain. Car la feuille blanche issue de l'arbre, Créateur mon frère, te demande non pas d'écrire, mais d'imprégner de ton sang le papier, afin de restituer dans l'équité le sang de l'arbre versé.

⁂

Créateur mon frère, les fleurs ne sont pas des leurres, dans chaque parcelle infime de leurs pétales vivent des grains de poussière de lumière qui prouvent, Créateur mon frère, à celui qui avec son cœur sait voir qu'il existe dans une infime parcelle d'éphémère suffisamment de lumière pour illuminer la terre tout entière. Créateur mon frère, la violette, le coquelicot, la jacinthe et la primevère sont aptes à s'ouvrir à la moindre parcelle de goutte d'eau qui sur elles tombe. Créateur mon frère, si par malheur tu jugeais mes propos comme ceux d'un être simpliste, au lieu de te répondre, j'irais cueillir des fleurs avec leurs racines pour en faire un bouquet, puis j'essaierais de découvrir parmi les ronces une terre fertile au plus pour y replanter les fleurs avec leurs racines. Et lorsque le printemps à nouveau sera là, mes yeux pourront contempler alors des fleurs gorgées d'humus, des fleurs épanouies au plus. Créateur mon frère, si tu ne sais pas entendre le langage simple, je ne garderai de toi qu'un souvenir éphémère et malgré moi mon cœur te jugera, mon cœur prononcera un verdict : condamné, toi qui aurais pu être un signe de l'unité, condamné pour abus de dialectique, condamné pour balbutiements maladifs qui ont fait de toi un être philosophique.

Créateur mon frère, méfie-toi lorsque tu rencontres un homme au front bien dégagé, à l'allure paisible, aux propos mesurés : méfie-toi, te dis-je, Créateur mon frère, que tout cela ne soit pas déguisement. Créateur mon frère, pour que vive la vie, il faut qu'ensemble nous bannissions les dialecticiens au masque paisible, il faut que nous bannissions, Créateur mon frère, tous ceux qui ont l'immense prétention d'expliquer l'inexplicable.

Créateur mon frère, si mes propos simples n'ont pas le bonheur de te plaire, de t'inciter au véritable savoir-faire, jamais plus je ne t'appellerai Créateur mon frère.

Créateur mon frère, tout être qui veut expliquer l'influence de la goutte de rosée sur un pétale de fleur n'est, en réalité, qu'un triste conteur qui ne cesse de satisfaire son moi raisonneur et, de ce fait, passe à côté de la fleur qui, lorsqu'elle a soif, boit tout simplement pour se désaltérer.

Créateur mon frère, les fleurs ne sont pas des leurres : alors imite-les, sois vrai, simple, sans ambiguïté.

## CHANT 4

Créateur mon frère, ne te pose pas la question : suis-je ou ne suis-je pas ? Créateur mon frère, vis, souffre et sois !

Créateur mon frère, à tous ceux qui te chantent la triste complainte de « l'à quoi bon ? », ne réponds pas. Mais lorsque tu te retrouveras seul, face à toi-même, repose-toi la même question : à quoi bon ? Et si aucune réponse ne te vient, danse, chante et ris et surtout fais en sorte que ton dernier éclat soit un éclat de rire solaire !

***

Créateur mon frère, si un jour la fatigue de ton corps d'éphémère t'amenait au « désespère », souviens-toi alors, Créateur mon frère, qu'à chaque printemps les roses fleurissent et qu'elles persistent dans leur épanouissement jusqu'en hiver pour retrouver l'églantine première : source de perpétuel printemps.

***

Créateur mon frère, ton cœur n'acceptera jamais que tu construises pour te sécuriser une tour d'ivoire. Mais, Créateur mon frère, tu es le propriétaire involontaire d'une tour beaucoup plus redoutable, d'une tour de lumière, et lorsque de son sommet, Créateur mon frère, tu appelles de toutes tes forces, les réponses sont si timides qu'elles ne parviennent pas à couvrir l'écho immense de ta propre voix. Malgré cela, Créateur mon frère, ne te laisse pas aller au désespoir : mieux que d'abîmer tes forces dans le pessimisme, garde-les pour descendre les marches de ta tour de lumière, puis une fois à terre cherche, cherche, Créateur mon frère, jusqu'à ce que tu trouves un être capable d'observer avec toi du haut de ta tour l'aurore unique, l'aurore constituée par tous les soleils que comprend l'Univers, l'aurore des multiples transmutés en UN par la lumière, UNE et indivisible.

Créateur mon frère, cherche bien, cherche longtemps partout sur la terre et, si tu fais cela, mon cœur devine que tu trouveras, de par le monde, plus d'un être digne, capable de contempler l'aurore : reine de l'UNITE.

*
**

Créateur mon frère, la mort définitive, toi seul peux te la donner. Créateur mon frère, le don que t'a fait Dieu ton père chante : chante en toi la vie ! Et si, par faiblesse, tu terminais ton dualisme d'éphémère sur le moins, ne te plains pas de ta médiocrité à Dieu ton père : Il t'a laissé le choix entre le moins et le plus. Créateur mon frère, fais en sorte que ta vie d'éphémère tressaille fort, afin que cette force vibrée impulse en toi la danse immense et dense, rythmée par le chant sublime du plus, le plus, Créateur mon frère, par toi gagné, si durant ta vie tu as su te surpasser.

*
**

Créateur mon frère, ta tête peut se tromper : ton cœur jamais s'il est parfaitement désencombré.

*
**

Créateur mon frère, fais en sorte que ta gravité n'engendre jamais la tristesse, car, Créateur mon frère, tu es transmetteur de vie et si de la toute belle tu faisais une agonie, il se pourrait alors que ceux qui avec le cœur t'écoutent, sombrent dans une tristesse en plein désaccord avec la vie.

Créateur mon frère, méfie-toi, méfie-toi que ton regard sévère n'engendre jamais le pessimisme qui est toujours misère.

*
**

Créateur mon frère, respecte tout ce qui vit sur terre. Et si quelqu'un venait te dire qu'il existe sur la planète des inutiles, commence par condamner celui-là. Car, Créateur mon frère, le temps que cet homme a passé à critiquer, c'est autant de temps qu'il n'a pas passé à créer. Créateur mon frère, il existe des parasites sur terre et, mieux que de les dénoncer, agis, sois opératif. Créateur mon frère, si par faiblesse de caractère tu t'avisais de passer ta vie à ne faire que dénoncer tout ce qu'il y a d'hypocrite dans les éphémères, il se pourrait alors que tu sombres définitivement dans l'amertume. Créateur mon frère, tu n'as que faire des discours, des sermons et des prêches ; mais, par contre, tu as tout à faire du savoir-faire. Créateur mon frère, il te faut élever cette praxis au niveau de l'opératif réel : opératif qui, s'il est bien agi, se fera dans le fini signe d'infini.

*
**

Créateur mon frère, même si ta souffrance d'éphémère doué te fait cruellement vaciller, ne t'avise jamais de prendre Dieu ton père pour un ivrogne : un ivrogne qui, las de l'infini, aurait pour se distraire créé des petits bonshommes de chair, en espérant que ces petits deviendraient grands.

Créateur mon frère, ne blasphème pas, sois sincère envers Celui qui t'a tout donné avec amour, sagesse, force et beauté.

Créateur mon frère, ne te ris pas de l'unité : sois plutôt, à force de courage, de sagesse, de force et de beauté, un infime rempli de dignité, un infime digne, apte à recevoir la clarté.

⁂

Créateur mon frère, si un jour ton état d'éphémère venait à faire de toi quelque chose d'amer, j'irais vers toi pour te dire : « La mort se vit et le soleil se porte au plus profond de soi », et je suis certain, Créateur mon frère, que ces paroles sincères t'inciteraient à me tendre les mains et qu'ensemble nous serions alors capables de danser, de chanter et de rire pour chasser tout ce qui en nous a un goût de finir.

⁂

Créateur mon frère, sans pour autant renier totalement tes frères misérables : les poètes amers qui ont donné naissance à des fleurs imprégnées de subjectivité maladive. Créateur mon frère, sans les renier, ces pauvres hères, ne t'attarde pas sur leur misère : fais plutôt de ta vie une épiphanie, du haut de laquelle jailliront en bouquets de lumière des fleurs saines.

⁂

Créateur mon frère, on ne peut vivre sa vie du bout des lèvres, il faut, pour rester vivant, hurler, hurler souvent pour appeler la vie. Et si, Créateur mon frère, il te venait un jour à la bouche des paroles amères comme : à quoi bon crier à la vie ? à peine aurais-tu fini de prononcer ces mots, qu'un autre cri, jailli de tes profondeurs, viendrait faire vibrer à nouveau ton être tout entier.

⁂

Créateur mon frère, n'oublie jamais que Dieu ton père t'a donné le privilège du créateur et que si, par lâcheté, manque de caractère, fuite devant la lumière, tu trahissais ce don, il se pourrait alors, Créateur mon frère, qu'après être né dans un berceau inondé de lumière, tu finisses ta vie dans le noir le plus amer.

## CHANT 5

Créateur mon frère, lorsque ta forte personnalité solaire s'exprime, méfie-toi de ne pas aveugler : tempère les rayons issus de toi par un rire d'amour aux humains dédié.

Créateur mon frère, ne cherche pas à faire éclater ton moi en mille poussières, car si tu faisais cela tu te retrouverais alors, ivre de lumière, perdu parmi les sphères. Créateur mon frère, mieux que de faire éclater ton moi, utilise-le : utilise-le comme un outil, dans le but de sculpter, petit à petit, ta fragilité d'éphémère jusqu'à ce qu'elle devienne dentelle subtile, capable de laisser passer, à travers ses vides, la lumière.

⁂

Créateur mon frère, tu n'es ni martyr ni héros ; tu es, Créateur mon frère, un éphémère qui souffre d'un excès de lumière, excès que tu dois, Créateur mon frère, si tu as bien compris le don que t'a fait Dieu ton père, transformer en nuance, afin de transmettre par le rire, le chant et la danse : la vie intense.

⁂

Créateur mon frère, lorsque le sublime chant de la poétique vient, ouvre-toi. Mais surtout, Créateur mon frère, ne te contente pas du chant sublime que te chante la poétique, ne t'en contente pas, ne le renie pas non plus ; mais vois si son chant, Créateur mon frère, ne te fait pas tourner la tête sans qu'en toi ne se meuve le cœur. Créateur mon frère, je connais ta réponse : la poétique est cœur avant tout ! Oui, mon frère, la poétique est cœur, mais le cœur est fragile et fort, et à force d'oublier le point faible du cœur, la tête peut se prendre au piège de la pensée : de penser le cœur.

⁂

Créateur mon frère, la rose, comme toi, sait respecter le silence et là ne s'arrête pas votre ressemblance : la rose a des épines dont la piqûre est parfois mortelle.

Créateur mon frère, voilà la leçon que j'ai tirée de mon premier contact véritable avec toi.

⁂

Créateur mon frère, si, à force de percevoir la lumière, tu te sentais devenir fou, ne renie pas la toute belle pour autant : tue plutôt en toi les séquelles noires de ton égocentrisme qui, entre le soleil et toi, font barrières, pour voir si les rayons de l'astre principal vibrent une thérapie. Créateur mon frère, danse, danse la danse des fous pour voir si dans le tourbillon de lumière, engendré par cette danse instinctuelle et première, n'apparaît pas le regard profond du sage.

⁂

Créateur mon frère, il faut que ton œil soit exercé au sombre et au clair, afin que ton regard puisse percevoir l'aurore dans le crépuscule.

⁂

Créateur mon frère, rester simple devant ton génie lorsqu'il t'inonde de lumière est la tâche la plus difficile que tu dois accomplir sur cette terre. Créateur mon frère, pour ne pas mourir noyé sous les vagues de lumière, il te faut rester simple, et rester simple, Créateur mon frère, c'est savoir lorsqu'en toi gronde la plus forte des mers lumineuses, c'est savoir, Créateur mon frère, malgré ces torrents de lumière qui t'inondent, te pencher pour écouter la petite fille qui t'appelle et te dit : « Viens avec moi jouer à la marelle. » Et lorsque, main dans la main, Créateur mon frère, avec la petite fille vous sauterez de case en case pour rejoindre le ciel, le rire épanoui de l'enfant qui sentira la compréhension de ton cœur sera tel que, sans redescendre vers la terre, la petite fille aux yeux de lumière t'offrira, Créateur mon frère, le ciel : le ciel des simples au centre duquel danse en permanence la lumière.

⁂

Créateur mon frère, la quintessence du phénomène, de nous autres hommes, pauvres hères, c'est la lumière. Créateur mon frère, chaque phénomène est touché par la magie de Dieu qui, dans un élan sublime, a voulu tout quintessencier. Créateur mon frère, dans la violette suintante de rosée, vit la lumière, par l'humble senteur de la petite fleur manifestée.

⁂

Créateur mon frère, il existe dans les sables du désert des roses pétrifiées. Créateur mon frère, si le soleil brûlant tu sais affronter, il se pourrait bien alors que tu sois capable de sentir l'odeur de la rose vive dans la fleur rigide et morte : morte pour ceux, Créateur mon frère, qui ne savent pas comme toi affronter les éclairs issus du soleil qui s'exprime.

⁂

Créateur mon frère, tu es un fou qui, avec tes mains, fait des ronds de lumière. Créateur mon frère, si tu souffres sur cette terre l'agonie d'une apparente dispersion, dis-toi bien que, dans les cercles que dessinent tes mains, existe une infinité de points qui convergent vers la lumière, la lumière qui s'exprime par le soleil : le soleil, notre point de repère. Créateur mon frère, si dans mon propos tu as trouvé trop de fois le mot lumière, pense qu'il existe des mots que l'on peut élever au niveau du pur cristal, et que ces mots-là, Créateur mon frère, neuf cent quatre-vingt-dix-neuf fois les répéter reste insuffisant : c'est mille fois qu'il faut les dire pour retrouver l'unité.

⁂

Créateur mon frère, tu es un hybride né de l'étoile polaire et de l'astre solaire.

## CHANT 6

Clou mon frère, tu m'entends bien, il n'y a pas d'écorce assez solide pour enfermer notre folie et faire de nous des invalides. Clou mon frère, toutes les forces anarchiques issues de notre état d'éphémère sont, malgré notre profonde souffrance, capables de zigzaguer en harmonie avec la lumière immense.

Clou mon frère fou, ta soif inextinguible de lumière a fait de toi un unijambiste ; tu sautilles en scintillant sur une seule jambe. Mais, Clou mon frère, cela ne t'empêche pas de te rapprocher à chaque bond que tu fais, même s'ils paraissent désordonnés, de la lumière immense.

⁂

Clou mon frère fou, ils sont inhumains avec les êtres paradoxaux : c'est pourquoi mon cœur sent de te dire que dans chaque être paradoxal vit une lumière qui dépasse, et de loin, le monde phénoménal.

⁂

Clou mon frère fou, toi qui, à force de sentir pleinement les assauts de ton cœur inondé de lumière, as voulu faire tien l'univers. Clou mon frère fou, dans ton regard parfois hagard, je lis la folie : la folie, Clou mon frère fou, que je ne confonds pas, tu peux m'en croire, avec la banalité et la médiocrité. Clou mon frère fou, même si la cécité te gagne, parce que tu as voulu trop fixer droit dans les yeux la lumière, lorsque tu seras tombé écrasé par tes perceptions trop intenses, je garderai de toi un souvenir immense. Clou mon frère fou, souviens-toi, souviens-toi qu'il fut un temps où ensemble nous avons su faire de notre folie une danse zigzagante, zigzagante comme l'éclair jailli de l'orage sombre. Clou mon frère fou, au souvenir de cette danse unique, mon cœur restera toujours présent et ce, bien au-delà de l'espace et du temps. Car notre danse d'ivresse exécutée en pleine clarté m'a marqué, Clou mon frère fou, jusqu'à la mort : à vie.

Clou mon frère fou, je t'aime, je t'aime parce que, malgré qu'ensemble nous ne dansions plus, je lis toujours comme au premier jour de notre rencontre, je lis Clou mon frère, dans ton visage blême, le stigmate du Tout.

⁂

Clou mon frère, grand fou tout imprégné de lumière, ta démence t'inspire : elle t'incite à créer des mondes que le vulgaire appelle « imaginaires ». Mais ces mondes, Clou mon frère, sont pour l'homme de cœur, pour l'homme sincère, des réalités aussi denses que la terre ; aussi denses mais inaccessibles à l'homme ordinaire.

⁂

Clou mon frère fou, las d'être lâche dans un monde ordinaire, tu as voulu être le héros d'un monde extraordinaire, et c'est pour cela qu'ils t'ont enfermé ; et même si dans ta prison, Clou mon frère, tu danses à longueur de journée une danse bizarre, même si tes pieds à force de tourner saignent, il y a plus dans tes mimiques apparemment malsaines, il y a plus, te dis-je, de lumière sereine, qu'il n'y en a chez ceux qui, à l'extérieur, errent sur le bitume d'un pas automatique, d'un pas ordinaire, d'une marche issue de mauvaises coutumes. Clou mon frère fou, ce qui te différencie d'eux, les soi-disant équilibrés, c'est que tu as su faire de ta santé un jeu et qu'au cours de ce jeu dangereux tu as appris à danser. Et même, Clou mon frère, si en grande partie ta vie est noire et amère, dans tes bribes de conscience, tu perçois, et c'est équitable, la lumière stable.

⁂

Clou mon frère fou, au bal des fous, tu m'as invité et lorsque je suis arrivé tu étais en train de danser ; tu tournais vite, Clou mon frère de démence, très vite, de plus en plus vite, et plus tu tournais, plus tes yeux devenaient immenses : ton regard semblait effectuer une danse à part à la lumière dédiée.

⁂

Clou mon frère fou, malgré la cruelle destinée qui t'a amené à vivre ta vie dans des lieux plus que difficiles, j'ai découvert dans ton rire, ô combien sincère, parce que jailli d'un énorme souffrir, ce qu'est un instant de joie véritable. Le malheur, Clou mon frère de démence, c'est qu'il te faille payer pour ces instants infimes de haute présence un tribut tellement lourd que la plupart des humains, par peur de contagion peut-être, à tes cris douloureux restent sourds. Mais, Clou mon frère, ce qui est EST. Par conséquent, tes instants de présent vécus dans le dense et dans le véritable, rien ni personne ne pourra te les enlever.

⁂

Clou mon frère fou, je le sais bien moi que tes tentatives de suicide ne sont pas chantage ; elles sont ces actions qu'ils appellent déraisonnables, des appels au secours issus d'un être, toi Clou mon frère, qui souffre de ne plus pouvoir affronter seul la vision brûlante du désert où brûlent mille soleils qui, lorsqu'ils ont fini d'émerveiller, terrifient. Mais dans ce désert-là, Clou mon frère fou, il n'est pas question de mirages : tout ce que tu y vois est vie, mais vie blême, issue de contrées étranges mais jamais malsaines.

⁂

Clou mon frère fou, je me souviens d'un jour où, au milieu de la cour de la prison infernale, tu avais dressé l'une sur l'autre plusieurs tables et qu'après bien des efforts pour gravir l'estrade, au sommet tu es arrivé, fatigué, essoufflé, suant le sang, parce que dans l'escalade tu t'étais écorché. Là-haut je t'ai vu tourner à quelques mètres, altitude suffisante pour qu'avec la pesanteur qui écrase, tu risques de mettre fin à ce qu'ils appellent ton hébétude. Je t'ai vu, Clou mon frère, tourner là-haut et puis subitement, au bord de la table la plus haut perchée, t'arrêter. Alors, Clou mon frère, moi le visiteur, moi celui qui vient de l'extérieur, j'ai retenu mon souffle comme le font tous ceux qui, à l'intérieur de l'asile, se rendent compte où les a menés leur démence. Et puis, Clou mon frère, comme un grand oiseau aux ailes qui seraient faites uniquement de chair, tu as battu des bras et, après avoir hésité deux ou trois fois, tu t'es lancé dans le vide. Ta tête a heurté violemment le sol, tu as saigné. J'ai vu alors dans ton sang s'inscrire le signe d'un véritable début ! Tant il est vrai, Clou mon frère, que la folie comprend la sagesse et l'exaspère, cette toute paisible, jusqu'à ce quelle trouve sa véritable voie. Car la voie de la sagesse, mon frère fou, est la même que celle de l'ivresse et puis, que tous ceux qui n'ont pas comme nous un sentir de l'Unité voisin de l'ébriété nous jettent la première pierre !

## CHANT 7

Créateur mon frère, si tu veux être autre chose qu'un éphémère, fais en sorte, durant ta vie, de ne pas méconnaître le brasier ardent qui en toi vit !

Créateur mon frère, je te l'accorde, pour créer il te faut de la volonté. Cependant la volonté dans ta création n'est que partie infime, mais indispensable, elle ne te sert qu'à secouer ton état d'éphémère et cette secousse, Créateur mon frère, n'est que le prétexte qui oblige ton état d'éphémère doué à s'exprimer. Créateur mon frère, tu le sais bien, toi, qu'il faut recevoir beaucoup de secousses mortelles pour que de l'être infime puisse jaillir une petite étincelle ; mais, Créateur mon frère, cette petite étincelle est essentielle : c'est une étoile née d'un éphémère doué. Créateur mon frère, n'éteins jamais la petite sphère de lumière qui vit au fond de tes latences, ne tue pas cette étoile, Créateur mon frère, car, si tu t'avisais d'être le tueur de ta propre étoile, il se pourrait bien alors que ton état d'éphémère totalement dégénère. Créateur mon frère, mourir dans les ténèbres, pour celui qui a perçu ne serait-ce qu'un instant la lumière, est le pire : un pire, Créateur mon frère, qui conduit irrémédiablement au finir. Créateur mon frère, pour honorer le don que t'a fait Dieu ton père, ton génie, laisse danser en toi la lumière sans jamais y mettre de barrières. Car, Créateur mon frère, si tu construisais un mur entre toi et la lumière, la lumière, elle, resterait intacte parce que rien ne peut l'aliéner, mais toi tu ne serais plus alors qu'une entité incapable d'acte. Créateur mon frère, ne te mutile pas, fais en sorte que ton caractère soit toujours en mesure d'impulser en toi l'acte : l'acte, Créateur mon frère, qui, s'il est sain, conduit à l'immobile, au fixe, à l'axe. Créateur mon frère, fais de tes actes une construction dédiée à l'inaction. Voilà, Créateur mon frère, ce que dans l'acte je voulais te dire, et maintenent que vient le temps du respir, il ne nous reste plus qu'à nous taire. Créateur mon frère, mon cœur sent que si ensemble nous savons respecter le silence du NOUS, il pourrait bien alors se faire que de notre centre jaillisse un feu pourpre et dense.

***

Créateur mon frère, comme le papillon ivre de lavande, de thym, de romarin et de jasmin, tu zigzagues et sembles fou.

Créateur mon frère, ne rougis surtout pas de cette folie-là car elle est partie intégrante du don que t'a fait Dieu ton père : ton génie.

***

Créateur mon frère, tu es un médium imprégné de lumière mais, Créateur mon frère, méfie-toi car si ton état de médium est don de Dieu ton père, ce privilège te fera, et cela est juste, subir les pires tortures. Et si de ces tortures, Créateur mon frère, tu fais une misère imprégnée de pessimisme, il se pourrait bien alors que, du don que t'a fait Dieu ton père, tu fasses un spectacle triste : ne fais pas cela, Créateur mon frère, parce que, du triste spectacle issu de l'éphémère qui s'abandonne, jamais ne peut naître une vie qui sans cesse meurt, renaît et donne.

***

Créateur mon frère, pour une fois je vais me laisser aller à te parler en philosophe : le déterminisme c'est le don que t'a fait Dieu ton père, ton génie ; il t'a choisi, c'est comme cela, tu n'y peux rien, à toi de voir, Créateur mon frère, si tu es oui ou non digne du choix. Quant à l'indéterminisme, traduis ce mot, Créateur mon frère, par caractère.

Créateur mon frère, si ton cœur a véritablement senti le don que t'a fait Dieu ton père, tu sauras alors que l'ultime question est : suis-je ou ne suis-je pas capable d'avoir un caractère au niveau de mon génie ?

⁂

Créateur mon frère, tu n'as pas le droit d'être triste comme le petit homme qui se désespère. Créateur mon frère, tu n'as pas le droit d'être sérieux comme le sont les pédagogues éphémères. Créateur mon frère, pour respecter le don que t'a fait Dieu ton père, tu te dois d'être grave et si tu l'es, Créateur mon frère, tu seras alors en mesure de découvrir et la danse et le chant et le rire.

⁂

Créateur mon frère, ne parle pas du bout des lèvres car, si à cette facilité tu te laissais aller, il se pourrait bien alors que le don que t'a fait Dieu ton père, ton génie, se transforme en nuit. Et, Créateur mon frère, il ne faudrait surtout pas t'imaginer que dans cette nuit-là existe « l'espère ». Créateur mon frère, lorsqu'on trahit le don de lumière il faut s'attendre, et c'est justice, à se retrouver ou plutôt à se perdre dans le noir absolu et à ce noir-là, Créateur mon frère, toutes les étoiles sont étrangères.

⁂

Créateur mon frère, tous les porteurs de lumière sur terre sont des maillons : à toi, Créateur mon frère, de faire de ton état d'éphémère un maillon solide afin de ne pas trahir le don que t'a fait Dieu ton père, ton génie, qui est lumière. Créateur mon frère, fais en sorte que ton caractère soit au niveau de ton privilège afin que tu deviennes un anneau d'acier bien trempé.

Créateur mon frère, ne te crois pas indispensable car même si la faiblesse de ton caractère faisait qu'à un moment donné, la chaîne se brise, d'autres anneaux, par les sources, les glaciers, les torrents trempés, remplaceraient ta fragilité.

Créateur mon frère, sans philosopher sur l'espace et le temps, fais en sorte de ne jamais retarder la fermeture du cercle par ta médiocrité. Créateur mon frère, que tu le veuilles ou non, tu es de la chaîne maillon : c'est Dieu ton père qui l'a décidé.

Alors, Créateur mon frère, avant que l'espace et le temps ne t'enferment définitivement, fais-toi forgeron et, à la lueur du feu de la forge animé par tes poumons, façonne ton maillon, Créateur mon frère, dans le but qu'au-delà du temps et de l'espace, ta trempe soit bonne.

***

Créateur mon frère, lorsque ta main forte se tend vers une rose pour la cueillir, avant de commettre cet acte définitif, serre la tige de la fleur et, lorsque la piqûre sera pour toi vive douleur, retire ta main sans précipitation. Puis, regarde avec grande attention tes doigts blessés d'où coule le sang et, si tu es, Créateur mon frère, véritablement digne du don que t'a fait Dieu ton père, tu verras alors dans les gouttes de sang pourpre fleurir en une fraction de seconde des fleurs de lumière, des roses d'aurore.

***

Créateur mon frère, en toi existent et le doux et l'amer. Ne t'arrête pas, Créateur mon frère, à ces saveurs duelles car douceur et amertume sont marches qu'il te faut gravir, Créateur mon frère, afin de goûter, au faîte de l'escalier, la saveur unique que seule la source aux mille reflets d'or peut te donner.

⁂

Créateur mon frère, tu n'as pas le droit d'ignorer par fausse modestie l'immensité de ta création. Parce que si tu faisais cela, Créateur mon frère, tu deviendrais le complice de la pesanteur et tuerais d'un coup de poignard atroce la grâce qui en toi vit et se rit d'hier et de demain : tu tuerais en toi, Créateur mon frère, le divin. Et cela tu n'as pas le droit de le faire, car ce diamant-là ne t'appartient pas. Créateur mon frère, si tu es véritablement digne, tu te dois de restituer le joyau à l'unité sans jamais tergiverser. Voilà, Créateur mon frère, ce que j'appelle un véritable savoir-faire.

⁂

Créateur mon frère, tu n'es pas venu sur cette terre pour faire de ton état d'éphémère une réaction à l'amer. Créateur mon frère, la terre ta mère t'a accueilli en son sein pour que tu puisses, d'un rire plein, saluer les aurores significatives de l'UN.

⁂

Créateur mon frère, si ton cœur est véritablement ouvert tu n'auras pas besoin pour accéder au simple d'être un magicien. Créateur mon frère, la magie est un sublime exercice surtout lorsqu'il est pratiqué par des êtres sincères. Mais toi, Créateur mon frère, tu n'as pas besoin de faire appel au monde intermédiaire parce que ton être, par le don que t'a fait Dieu ton père, est imprégné de la lumière des simples. Créateur mon frère, sois digne de ton génie : assume la fragilité qu'est ta vie en priant, avec grande sincérité, Dieu ton père, sans chercher d'appui dans le monde intermédiaire.

*
**

Créateur mon frère, pour être digne de ton génie, il te faut toujours aller de l'avant, en harmonie avec le vent !

*
**

Créateur mon frère, garde-toi de toute métaphysique : Dieu ton père t'a donné un corps, fais en sorte que par ta rigueur ce corps de chair et de sang soit un hommage, par son esthétisme et sa netteté, au don que Dieu t'a fait : la vie.

*
**

Créateur mon frère, lorsque le monstre à la tête lourde, au ventre plein d'égocentrisme sordide, bafoue devant toi Amour ; Créateur mon frère, ne le tue pas mais capture-le, ce monstre, dompte-le et passe lui collier et laisse autour du cou.

Puis, Créateur mon frère, si tu as l'âme d'un missionnaire adogmatique, caresse le fauve de la main gauche tout en le tenant d'une poigne ferme de la main droite, et ce jusqu'au jour où son être dompté n'aura plus la force de bafouer Amour.

Créateur mon frère, Amour est Unité, Sagesse, Force, Beauté ; mais Amour, pour dans l'homme régner, a besoin par toi, Créateur mon frère, de se faire respecter.

*
**

Créateur mon frère, danser avec la lumière n'est pas une utopie : c'est une nécessité que tu te dois de respecter si tu ne veux pas rompre le rapport précis qu'il y a entre l'axe, le soleil et ton génie.

*
**

Créateur mon frère, reconnais dans ta chair et dans ton sang Dieu ton père, parce que le cadeau qu'Il t'a fait en t'offrant ton corps n'est pas une action à la légère. Créateur mon frère, respecte en ton sang la teinture merveilleuse et indélébile qui se retrouve dans le pétale du pavot pourpre, qui se retrouve, Créateur mon frère, dans tout ce qui est véritablement fertile, et ce pourpre-là, Créateur mon frère, rien ne peut le ternir : pas même la lumière.

⁂

Créateur mon frère lorsque ton être ploie sous la misère de ton dualisme, tu es en droit de te poser les questions : qui suis-je, où vais-je ? etc. Mais, Créateur mon frère, ne t'attarde surtout pas à ces faiblesses de dialecticiens, car si sur ton cœur la tête, en raisonnant trop, prenait le pas, il se pourrait bien alors que tu trahisses le don que t'a fait Dieu ton père, ton génie. Il se pourrait bien qu'à force de raisonner sur ton état de phénomène duel, tu te fermes à jamais la porte qui mène à la lumière UNE et Eternelle.

⁂

Créateur mon frère, lorsque de toi jaillit la source généreuse, ne cherche surtout pas à comprendre, ne cherche pas à expliquer, Créateur mon frère, ton état de médium, sous peine de changer ton cristal transparent en verre opaque et vulgaire. Créateur mon frère, tu es un pont et si Dieu ton père t'a élu comme tel, fais en sorte de mourir pour renaître dans la sève de l'arbre universel. Créateur mon frère, tu le sais bien toi, que l'homme ne peut véritablement marcher que si durant sa vie il a été capable d'apprendre, par l'humilité et la fierté, que le chemin de lumière est l'unique sol véritablement ferme : plus ferme, Créateur mon frère, que la plus dense des terres.

*
**

Créateur mon frère, lorsque parfois tu es pris de vertige, il ne faut pas, Créateur mon frère, que ce grand vide t'afflige, bien au contraire : il te faut faire, pour respecter le don que t'a fait Dieu ton père, de ce vide un plein, un espoir, un chant. Et ce, Créateur mon frère, pour justifier dans la dignité et la fierté ton rôle d'incarné sur cette terre.

*
**

Créateur mon frère, tu le sais bien toi qu'il faut donner beaucoup pour recevoir un peu, et que, quand on a reçu peu, on a tout. Créateur mon frère, tout pour nous est devoir, et le sentir profond de ce que nous devons est le seul chemin qui peut nous mener vers la lumière.

*
**

Créateur mon frère, ne rougis jamais de ton enthousiasme : par lui, Dieu ton père parle, chante, danse et rit. Créateur mon frère, sois digne de tout ce que diffuse ton grand corps de lumière et si, à la lueur d'un rayon par toi transmis, tu vois l'autre, celui à qui tu veux tout donner, cligner de l'œil comme un boiteux du regard, que cela ne t'empêche pas, Créateur mon frère, de continuer à être un pont, un pont volontaire pour laisser passer la lumière.

*
**

Créateur mon frère, si tu es digne de ton génie, tu connaîtras chaque jour le mieux, mais jamais le facile.

*
**

Créateur mon frère, un être sincère est toujours sévère et grave. Alors, Créateur mon frère, il te faut pour honorer le don que t'a fait Dieu ton père être à la fois grave et sévère. De toute façon, respecter ces principes-là est le seul moyen pour toi de dépasser ton moi, sans être toute ta vie aux abois. Créateur mon frère, dépasser son moi dans le sévère, c'est découvrir la lumière du soi et, par là même, oublier l'amertume laissée dans l'être par le moi, le moi qui n'oublie pas facilement ses sinistres coutumes.

*
**

Créateur mon frère, ta compréhension profonde et sincère de l'humanité te donne le vertige et cette intuition des profondeurs, Créateurs mon frère, t'oblige, pour être en harmonie avec le don, à t'élever par la danse, le chant et le rire au niveau de la plus grande des Reines Humaines : la Nuance. Créateur mon frère, le propre de l'homme sincère n'est pas le rire, mais la nuance. Créateur mon frère, pour l'incarné, pour l'éphémère, la nuance est quelque chose d'immense, de dense qu'il te faudra pour être digne du titre « d'homme véritablement vivant » toujours respecter.

*
**

Créateur mon frère, tu le sais bien toi que lorsque tu seras las d'entendre trop de chimères, il te faudra t'envoler : t'envoler, Créateur mon frère, sans pour autant quitter la terre.

Créateur mon frère, ton chemin est celui qui mène d'une rive à une autre. Créateur mon frère, pour ne pas succomber sous ton poids d'être doué, il te faudra traverser ce pont, tomber mille fois et faire en sorte que, lors de tes chutes, jamais tes deux jambes ne se brisent.

*
**

Créateur mon frère, si la plupart des hommes passent à côté de la sublime subtilité de ta création, ne sois pas amer ; car Dieu ton père qui t'assiste souhaite, de toutes les forces de son cœur de lumière, que toi, Créateur mon frère, tu ne passes pas, au nom du ressentiment, à côté de Sa création : Sa création qui, elle, atteint la quintessence du subtil.

⁂

Créateur mon frère, même si par moments tu as l'impression qu'après ta mort ils tenteront de récupérer ton génie pour en faire des affaires, ne te laisse pas aller à l'amer, ne te laisse pas prendre au piège de cette immoralité de pacotille et si tu veux véritablement respecter le don que t'a fait Dieu ton père, ton génie, prends pour principe de transmettre, tant qu'il te restera une goutte de sang, la vie.

⁂

Créateur mon frère, si un jour tu perdais ton génie et que seul subsiste en toi ton état d'éphémère, va-t'en, va-t'en te perdre dans la forêt profonde. Et lorsque tu seras seul, Créateur mon frère, couche-toi et comme le font tous les vieux solitaires, restitue ton état d'éphémère à la terre, ta mère.

⁂

Créateur mon frère, si par bonheur tu as su respecter le don que t'a fait Dieu ton père, ton génie, lorsque tes derniers moments seront venus, tu pourras assister à la projection des derniers fantasmes de ton être duel. Alors, Créateur mon frère, devant toi se dressera un linceul blanc, sur lequel tu pourras lire en lettres de sang : Vie la seule réalité.

# CHANT 8

Créateur mon frère, si tu sais faire de ton état de phénomène une source brûlante, l'équité par le vent portée te sera donnée.

Créateur mon frère, ne te laisse jamais aller à la misère de ta pesanteur. Créateur mon frère, fais de ton être un danseur mû par la grâce afin de rendre à Dieu ton père : l'équité.

⁂

Créateur mon frère, le don de lumière que Dieu ton père t'a fait ne doit jamais t'empêcher, bien au contraire, de te pencher avec humilité sur le berceau du nouveau-né. Car, Créateur mon frère, se pencher avec amour et humilité sur tout ce qui véritablement débute est la meilleure façon pour toi de rendre à Dieu ton père l'équité.

⁂

Créateur mon frère, tu es doué puisque dans ton berceau les fées ont déposé le génie. Mais, Créateur mon frère, fais bien attention : ne confonds pas talent et génie, car si les fées dans ton berceau t'ont fait un cadeau de lumière, elles t'ont également tendu un piège et c'est équitable. C'est équitable parce que, pour faire ton travail sur terre, il te faut, Créateur mon frère, toi qui es deux, toi qui es ombre et lumière, influer sur ta vie tout entière dans le sens de la lumière, afin de rejoindre la fée qui de sa baguette t'a touché lorsque tu étais nouveau-né. Créateur mon frère, pour métamorphoser ton deux en un, il faut que ton cœur apprenne à commander ta main droite pour qu'elle puisse tracer dans l'espace une croix de lumière. Créateur mon frère, si ton cœur arrive à faire cela, tu restitueras à la fée de ton berceau le don. Créateur mon frère, si mes paroles te semblent obscures, laisse ton cœur pratiquer l'exercice et si tu le fais, Créateur mon frère, tu découvriras alors ce qu'est la perpétuelle aurore : ce sera ta récompense pour ta restitution du don.

***

Créateur mon frère, l'essentiel du message de Dieu ton père est : sois équitable. Créateur mon frère, si ton cœur sait à chacun rendre l'équité, tu seras alors médium de l'UN.

***

Créateur mon frère, les génies que la terre a portés ont été sacrifiés par l'incompréhension, mère de la médiocrité. Créateur mon frère, si par bonheur ton caractère fort peut t'aider à faire de ton état d'éphémère doué un être qui ne veut pas finir torturé, si tu possèdes ce caractère-là, Créateur mon frère, il se pourrait bien alors que ta vie véritablement serve, serve, Créateur mon frère, à te faire découvrir l'or non vulgaire, l'or qui vit dans le cœur de tous les êtres profondément sincères. Et cet or-là, Créateur mon frère, est une boisson capable de totalement désaltérer ceux qui ont soif d'équité.

***

Créateur mon frère, aime sans restriction celui qui, sans référence relative, t'a reconnu comme signe d'une force vive. Car celui-là, Créateur mon frère, t'a donné sans que tu l'exiges ton équité. Créateur mon frère, aime bien au-delà de tes sens, l'être sensé qui sait reconnaître, dans le phénomène, l'essence.

***

Créateur mon frère, si Dieu ton père veut que tu transmettes ce que ton cœur sent, sans pour autant que ton sang soit versé ; Créateur mon frère, fais ce qu'il faut pour que ta transmission soit au niveau du sang que tu aurais dû verser par équité.

Créateur mon frère, si Dieu épargne ta vie : sois par rapport à toi-même plus que sévère.

⁂

Créateur mon frère, il te faut exiger ton équité parce qu'elle est nécessaire à ton état d'éphémère pour continuer, non sur le vertical mais sur l'escalier, ta recherche de l'approche de l'unité.

## CHANT 9

Créateur mon frère, tu n'existes véritablement que par l'amour que te donnent les êtres de chair et de sang qui vivent bien au-delà de ta subjectivité.

Créateur mon frère, Dieu n'est pas un suggestionneur, sinon Il t'aurait créé « ombre absolue ou lumière absolue » et, de ce fait, Il ne t'aurait pas fait l'offrande sublime : la liberté du choix.

***

Créateur mon frère, il te faut, pour être digne du don que t'a fait Dieu, avoir la force solaire du père et la sensibilité de la Lune. Mais, Créateur mon frère, même si tu sens vivre au plus profond de toi et l'homme et la femme, rien ne remplacera, Créateur mon frère, le rire d'une mère à son enfant qui vient de naître, parce qu'elle a souffert. Créateur mon frère, tout savoir est un savoir-faire et si ce que tu transmets est toujours terrible accouchement, ne sois pas amer : n'oublie jamais la mère qui souffre en accouchant.

***

Créateur mon frère, si tu crains de suggestionner celui qui t'aime, sois attentif à sa prunelle : vois si en plein centre de l'œil brille la lumière de l'instinct. Car, Créateur mon frère, lorsque brille dans l'éphémère la lumière forte de l'instinct, nulle suggestion ne peut parvenir à éteindre cette lumière qui est source, torrent, mer.

***

Créateur mon frère, si un jour on te fait le procès du suggestionneur, réponds à celui qui accuse parce qu'il a peur, que la lumière transmise ne suggestionne pas, mais que, bien au contraire, elle éclaire.

***

Créateur mon frère, il te faut être paradoxal, mais clair.

*
**

Créateur mon frère, il nous faut discerner, objectiver, jusqu'à retrouver une subjectivité perméable à l'Unité.

*
**

Créateur mon frère, respecte le naïf, cet inculte riche de toutes les cultures non apprises.

## CHANT 10

Créateur mon frère, ne cherche pas à expliquer ton génie : chante, danse et ris en harmonie avec lui.

Créateur mon frère, si durant ta vie tu as eu la force de trouver l'humilité, tu passeras plus de temps à écouter l'enfant chanter, danser et rire, qu'à philosopher sur le mieux et le pire.

⁂

Créateur mon frère, dis-toi bien qu'on n'apprend rien : seul peut compter dans ta vie d'éphémère non une didactique qui se veut subtile et qui, en fait, n'est que primaire et utilitaire, mais, Créateur mon frère, tout ce que tu peux apprendre sur cette terre, seul ton cœur, s'il n'est pas solitaire, peut te l'apprendre. Créateur mon frère, ton cœur est l'unique pédagogue qui peut enseigner à ton être infime, mais doué, le danser, le rire et le chanter.

⁂

Créateur mon frère, sans jamais avoir appris, ton cœur sait que la lumière danse, chante et rit dans celui qui, sans complaisance, sait assumer sa sensibilité.

⁂

Créateur mon frère, tu te dois avant toute chose de faire tien le « se rendre compte ». Créateur mon frère, tout apprentissage serait à ton niveau régression. Créateur mon frère, on ne cherche pas la lumière : on la sent comme un rythme nécessaire pour impulser le cœur. Créateur mon frère, si tu sais de ta main rude masser ton cœur d'éphémère sur le même rythme que l'Univers, tu seras alors apte à trouver sans jamais chercher.

*
**

Créateur mon frère, tu es un accoucheur et, une fois que tes mains fortes ont aidé la mère à délivrer le nouveau-né, lève bien haut, porte à bout de bras le petit être encore tout gluant et sur la bouche embrasse-le et puis sens, Créateur mon frère, dans ce souffle qui débute le vent fort qui hurle : l'espèce perpétue. Créateur mon frère, n'essaie jamais d'interpréter le premier cri du nouveau-né, car il y a plus de verbe vrai dans son souffle non parlé, qu'il n'y en a dans tous les bavardages inutiles qui, à force d'inutilité, pourraient bien tuer l'humanité.

*
**

Créateur mon frère, tu te dois d'être un pédagogue à l'envers : il te faut inciter à désapprendre. Créateur mon frère, la source qui jaillit de toi doit laver les têtes, afin que les cœurs s'en trouvent renforcés.

*
**

Créateur mon frère, si par le verbe tu exprimes l'UN, le bistouri qui dissèque n'arrivera pas à faire de tes mots de lumière des cadavres. Créateur mon frère, écoute mon cri : tout ce qui vit se rit, d'un rire profondément sanguin, de l'analyse.

*
**

Créateur mon frère, lorsque tu rencontres un enfant, en toi fais le vide : oublie tout ce que tu as appris pour voir le petit être rempli d'ombre et de lumière ouvrir grand ses yeux et te dire : aime-moi. Créateur mon frère, n'oublie jamais que tu te dois d'être équitable envers tout ce qui débute, envers le véritable.

⁂

Créateur mon frère, n'essaie jamais d'apprendre à parler à ton cœur : laisse-le faire, laisse-le chanter, danser et rire, laisse-le rendre hommage à l'Univers.

⁂

Créateur mon frère, méfie-toi de ceux qui, par astuce, se disent tes frères, j'entends par là les philosophes : les philosophes qui, à force de vouloir trop expliquer, passent à côté de l'enfant qui chante. Créateur mon frère, bien au-delà de toutes les soi-disant vérités qu'ils veulent à tout prix inculquer, l'enfant désencombré, par ses balbutiements, les transcende, ces vérités. Créateur mon frère, quelques minutes de conversation sincère avec l'enfant valent mieux que tous les discours des philosophes. Créateur mon frère, une main qui raisonne jusqu'à la déraison est incapable de toucher la source sans la salir. Et si tu me répondais, Créateur mon frère, que mes propos sont exagérés, je te dirais : regarde autour de toi, regarde la terre que les philosophes ont toujours voulu expliquer, regarde-la cette terre ta mère, regarde-la mourir sous les explications de ceux qui pensent pouvoir canaliser les sources.

⁂

Créateur mon frère, ne cherche pas à enseigner : fais plutôt de ta fragilité une grotte dans laquelle véritablement les vibrations résonnent. Si tu fais cela, Créateur mon frère, ta vie sera un pont qu'empruntera la multitude pour rejoindre l'Unité.

*
**

Créateur mon frère, méfie-toi de ne pas faire du don que t'a fait Dieu ton père des exercices de tête. Créateur mon frère, du don de Dieu, fais-en don et si sans restriction ce don tu donnes, tu sentiras en toi, Créateur mon frère, danser une ronde faite de mains d'enfants serrées : une ronde qui tourne dans le même sens que l'Unité.

*
**

Créateur mon frère, tu ne peux pas te contenter d'être un médium passif ; il te faut, pour être digne de ton génie, être à la fois passif et actif, être à la fois celui qui reçoit et donne : être celui qui, dans un perpétuel tourbillon de morts et de renaissances, sent de donner toujours plus et mieux que ce qu'il a reçu.

*
**

Créateur mon frère, fuis les bavards pour ne pas avoir à leur répondre. Créateur mon frère, lorsque ta bouche s'ouvre fais en sorte qu'elle ne se meuve pas en vain. Créateur mon frère, sois digne du don que t'a fait Dieu ton père, sois digne de ton génie, afin que lorsque par ta bouche le verbe s'exprime il fasse jaillir, ce plus que digne, le trésor caché que possède tout être au plus profond de son abîme.

*
**

Créateur mon frère, ne fais pas comme la plupart : n'oublie pas l'enfant qui, dans la forêt première, se faisait des couronnes de chèvrefeuille, de jacinthe, de violette et de primevère. Créateur mon frère, n'oublie pas que tout ce qui est simple comme les fleurs sauvages des bois régénère. Créateur mon frère, n'oublie jamais que le simple se passe d'apologie et que sentir la violette cachée derrière le buisson de ronces est plus que tout discours sur la simplicité. Créateur mon frère, vis, sens, sois et n'explique pas.

⁂

Créateur mon frère, ne te laisse pas prendre au piège de la philosophie, car les philosophes sont faiseurs de concepts. Et tu le sais bien toi que, pour vivre véritablement, il ne faut pas concevoir la vie, mais mourir et renaître sans cesse, sans jamais prononcer les mots de fini et d'infini. Créateur mon frère, mieux que de philosopher, chante, danse et ris en harmonie avec les pulsions de ton cœur libre.

⁂

Créateur mon frère, si ceux qui t'aiment attendent de toi un spectacle, c'est que ta création n'est qu'illusion. Car, Créateur mon frère, pour que véritablement danse en eux la lumière, il faut que ceux que tu aimes et qui t'aiment dansent, chantent et rient sans attendre pour le faire que tu leur donnes l'ordre de commencer et de finir.

⁂

Créateur mon frère, je t'appelle, je te nomme pédagogue de génie parce que je sais que lorsque tu enseignes, tu le fais toujours en saignant. Et c'est pour cela, Créateur mon frère, que je te sens apte à transmettre la vie.

# CHANT 11

Créateur mon frère, ton génie ne dépassera le spectaculaire qu'affectionnent les éphémères, que si tu as su faire tienne la Reine qui a pour nom : Humilité.

Créateur mon frère, la poétique est un réalisme qui dépasse tous les « ismes », parce qu'elle est un prisme nécessaire pour diffuser la lumière à nous autres humbles éphémères.

⁂

Créateur mon frère, si ton cœur sent que la seule issue pour ton état d'éphémère consiste à gravir des marches, lorsque ton être concevra l'escalier, il lui faudra à cette fragilité, mieux que de concevoir, sentir que chaque marche de l'édifice est une étape. Une étape, Créateur mon frère, au cours de laquelle on doit tuer et ce afin de pouvoir toujours monter, tout ce qui en nous est sinistre artifice. Créateur mon frère, ce que je viens de te dire est mon sentir du gravir.

⁂

Créateur mon frère, sois humble devant la nécessité, mais ne la laisse jamais t'emprisonner.

⁂

Créateur mon frère, s'il t'arrive parfois de trop t'attarder par complaisance sur les difficultés que te fait endurer ta fragilité, dis-toi que tout ce qui vit est fragilité qui vibre, par conséquent, Créateur mon frère, sois fier d'être un être fragile et vivant ; car la vie est la seule réalité et y participer, ne serait-ce qu'en éphémère, est un grand privilège : privilège qui, s'il est bien compris, peut transmuter une fragilité périssable en une force définitivement stable.

*
**

Créateur mon frère, lorsque par un soir de violent orage, tu sors pour rencontrer la lumière, Créateur mon frère : vois de l'éclair se détacher un miroir de cristal et dans l'espace localise-le. Puis, approche-toi du miroir, regarde et vois : vois la lumière sculpter ton visage dans le cristal qui le reflète et comprends alors que ta vie ne dure que l'espace d'un éclair, mais si le court instant que tu passes sur terre est vrai, ta fragilité rejoindra l'éternel et s'y fondra.

*
**

Créateur mon frère, lorsque ton corps sera las et que malgré tout en toi chantera encore la lumière, même si elle te paraît lointaine et éphémère, ouvre-toi à elle : car, si durant ta vie tu as fait preuve d'une humilité attentive à l'UN, tes bras décharnés d'agonisant se dresseront malgré toi vers l'aube pleine qui marquera de son signe pourpre, l'instant précis de ta mort et de ta renaissance simultanées.

*
**

Créateur mon frère, l'agonie n'est pas une misère, ce n'est qu'un frisson profond et froid. Si je te dis cela, Créateur mon frère, si je te dis que l'agonie n'est pas misère, c'est que de cet ultime frisson naîtra une chaleur ; une chaleur lumineuse.

⁂

Créateur mon frère, si la vie frappe à la porte de ton humble carcasse, ouvre, ouvre vite, car, Créateur mon frère, si tu as du caractère, la vie en a plus que toi et si avec elle tu te conduis à la légère, si tu la laisses partir, faute de lui avoir ouvert, il se pourrait bien alors, Créateur mon frère, que la vie en toi ne revienne jamais. Et si cela était, Créateur mon frère, ton humble carcasse animée irait danser une danse boiteuse et hideuse sur la scène d'un monde d'où la lumière est irrémédiablement absente.

⁂

Créateur mon frère, ne perds pas ton temps à philosopher sur la lumière, car la lumière, Créateur mon frère, brûle les éphémères qui veulent l'expliquer : par contre, elle donne Force, Sagesse, Amour et Beauté à ceux qui humblement savent s'ouvrir pour la recevoir.

⁂

Créateur mon frère, l'étoile aux reflets de pavot pourpre qui, très haut dans le ciel nocturne, vibre, te chante l'humilité pour t'inciter, Créateur mon frère, à percevoir ce que véritablement tu es : un grain de sable illuminé de soleil nocturne.

⁂

Créateur mon frère, contrairement à l'ombre qui est épiphénomène de la lumière, tu te dois, toi, d'être une ombre en osmose avec la lumière.

*
**

Créateur mon frère, fais en sorte que le plus violent des soleils d'été ne dessèche jamais en toi l'humidité qui brille au fond de tes ténèbres.

*
**

Créateur mon frère, as-tu déjà observé en pleine forêt, l'arbre qui à sa base est UN, puis qui, en montant vers le ciel, se divise en trois : trois branches maîtresses qui vont rejoindre l'UN dans la feuille la plus haute, la plus fragile, la plus exposée : celle, Créateur mon frère, qui reçoit le plus de lumière.

*
**

Créateur mon frère, regarde la branche fragile et éphémère se balancer sous l'impulsion du vent et comprends : comprends, Créateur mon frère, que tout ce qui est éphémère, sous peine de mourir brisé, doit savoir, sous l'impulsion du vent, danser !

*
**

Créateur mon frère, ta fragilité est une corde tendue entre ciel et terre : une corde que tu sauras franchir si ton cœur est attentif au chant de l'UN. Créateur mon frère, simple pour toi doit être principe absolu. Car, Créateur mon frère, l'intuition du simple comme absolu n'est pas vanité, il te suffit, Créateur mon frère, pour t'en persuader, d'écouter ton cœur qui sans cesse te répète : UN EST.

⁂

Créateur mon frère, hausse le ton, fais sortir violemment le verbe de ton être, laisse s'exprimer au plus ton corps de lumière : transmets, car tu le sais bien, toi, Créateur mon frère, que si la lumière s'arrêtait de vibrer, les hommes deviendraient tous paralytiques.

⁂

Créateur mon frère, si dans celui que tu aimes tu découvres une faiblesse passagère, ne sois pas trop sévère. Que la force de ton caractère, Créateur mon frère, ne te fasse pas oublier que cette faiblesse n'est que passagère. Créateur mon frère, toute pulsion d'amour sincère doit te rappeler qu'Amour senti au plus, ne serait-ce qu'un court instant, n'est jamais éphémère. Créateur mon frère, soit vigilant afin de ne pas confondre Amour qui s'exprime au plus dans l'instant, avec le triste chant qu'entonnent les velléitaires.

⁂

Créateur mon frère, harcèle sans répit ton état d'éphémère, afin de dépasser dans l'humilité et la fierté, ta fragilité.

⁂

Créateur mon frère, le monde phénoménal offre à tes yeux un spectacle qui peut t'élever si, dépassant le regard, tu sais voir avec ton cœur. Un spectacle, te dis-je, qui peut hausser ton état de phénomène infime au niveau des petites sphères denses, qui dansent dans chaque pantin, pourtant simple figurant dans le monde des apparences.

*
**

Créateur mon frère, lorsque tu descends sur la pente complaisante qui mène à la négativité avilissante, ne compte pas sur Dieu ton père pour t'aider dans ta triste ascension à l'envers ; mais, par contre, Créateur mon frère, si tu sens que véritablement tu gravis la pente contraire, c'est-à-dire celle qui monte vers les sphères, aie l'humilité de sentir que c'est à Dieu, père de l'Unité, que tu le dois. Créateur mon frère, si Dieu existe, et tu le sais bien, toi, qu'Il existe, Il ne peut, le Sublime, se justifier par rapport aux être infimes que nous sommes, qu'en nous laissant la chance à nous autres phénomènes de sentir, si nous sommes suffisamment forts et dignes, de sentir toute la grandeur qui vit et resplendit dans l'Etre Suprême. Créateur mon frère, cette grandeur et ce sublime tiennent en quelques mots : homme, infime phénomène, Dieu t'a fait le cadeau suprême ; Il t'a offert l'UN, la possibilité d'aller chercher loin, très loin au fond de toi la quintessence de tes latences dans le but de t'en servir, afin d'être en mesure de rejoindre Celui qui s'est morcelé pour toi, pour voir... Voir si tu serais capable de hausser ton état de phénomène vers le seuil qui, une fois franchi, est irréversible. Et de cette porte-là, Créateur mon frère, tu pourrais voir le visible et l'invisible se fondrent dans l'unité : c'est alors que l'imprévisible issu de tes habitudes phénoménales se changerait en une hypersensibilité qui te ferait percer jusqu'au cœur de la quintessence : le monde des essences.

*
**

Créateur mon frère, ta tête est devenue folle le jour où ton cœur, exaspéré par toutes les essences des fleurs, a cassé en toi le « réfléchir ». Mais, Créateur mon frère, de ta tête morte qui se décompose montent des senteurs de fleurs approuvées par ton cœur.

⁂

Créateur mon frère, tu es un acrobate, tu es un acrobate qui marche sur un fil tendu entre les mers de l'Univers et qui ne sent véritablement sa vie de Créateur que lorsque la corde vacillant sous ton pied fragile te fait entrevoir la chute dans le néant. Mais, Créateur mon frère, tu n'es pas un funambule ordinaire, sur la corde tu sais danser, chanter et rire et, lorsque ton appui sur les fibres fragiles te donne l'envol, pendant l'infime laps de temps qui t'est imparti pour reposer le pied sur la corde, tu trouves le moyen, Créateur mon frère, de transcender en être lumineusement conscient, la pesanteur.

⁂

Créateur mon frère, ce qu'il y a de petit en toi, tu le tiens plus de l'enfant que du médiocre. Créateur mon frère, être le véritable petit de la vie, c'est aussi être grand.

⁂

Créateur mon frère, si un jour tu rencontres dans la forêt un être qui, par manque de caractère, se désespère, avance-toi, va tout près de lui et dis : homme, mon cœur sent que tu veux supprimer, parce que tu souffres trop, ton état d'éphémère ; mais avant de décider si tu dois oui ou non le faire, songe, homme mon frère, songe aux senteurs fortes qu'exprime le terreau né des feuilles mortes, songe, homme, à ces senteurs vivantes et, avant de prendre ta décision, vois si le moment est venu pour que ton corps d'éphémère meure et, en pourrissant, vienne alimenter l'humus aux profondes senteurs. Mais, homme mon frère, si dans ton état d'éphémère encore vivant tu sens ne serait-ce qu'une parcelle de lumière, interprète ce signe d'apparence infime, comme une incitation à la danse, au chant et au rire. Quant à pourrir en osmose avec la terre de bruyère, homme mon frère, ne te hâte pas, le temps viendra : mais tant qu'il restera un souffle sincère dans ta carcasse d'éphémère, vis ; vis et espère. Car, homme mon frère, la vie, qu'elle soit présente dans ton état de phénomène, ou dans l'humus qui prend aux feuilles le plus, homme mon frère, la vie est la seule réalité que chaque parcelle qui la compose doit protéger comme un trésor.

⁂

Créateur mon frère, si tu préfères aux paroles amères la danse, le chant et le rire, c'est parce qu'il existe dans ta fragilité d'éphémère quelque chose de fort, qui ne veut pas mourir.

⁂

Créateur mon frère, ne cherche jamais à expliquer les points lumineux qui, sur terre, sont venus chanter le chant de l'unité. Vois, comprends, sens plutôt, Créateur mon frère, toute la magie profondément naturelle qui a présidé à la naissance du Christ dans une grotte où régnait le noir : noir absolu qui était l'œuf du Grand Elu. Créateur mon frère, la nuit comme le jour sont pour l'humain des moyens de repère et celui qui sait dans le nocturne trouver le diurne, dans la nuit la lumière, a quelque chose de plus. Quelque chose de plus, Créateur mon frère, qui fait que son état d'éphémère est parfois immédiatement en contact avec la lumière.

***

Créateur mon frère, ta capacité quant à interpréter les signes, sans les abaisser au niveau de la superstition, a fait de toi un être capable de transcender le paraître, jusqu'à vivre la sublime tragédie des jours et des nuits, des aurores et des crépuscules, en face desquels tu te sens minuscule. Mais, Créateur mon frère, ton entêtement est tel quant à percevoir la lumière, ne serait-ce que dans un grain de sable, que cet entêtement-là, Créateur mon frère, est arrivé à transformer ton état d'éphémère misérable, en être perméable à l'Incommensurable.

***

Créateur mon frère, le coquelicot, fleur fragile et éphémère, te chante un hymne à la fragilité : hymne, comme le rouge de ses pétales aussi légers qu'un voile. Créateur mon frère, les pétales rouges du coquelicot sont indélébiles même à la lumière. Créateur mon frère, il existe dans les pavots pourpres une essence, qui est apte à s'unir avec la quintessence.

***

Créateur mon frère, je vais te livrer un secret : je n'ai jamais rien vu, senti, observé de plus beau qu'un perce-neige qui, fort de sa propre chaleur intérieure, parvient à se frayer un chemin à travers la couche froide, épaisse et blanche, afin d'apparaître fragile et vivant au soleil d'hiver qui l'aide à naître. Le soleil, Créateur mon frère, qui, pour récompenser le perce-neige de son effort éphémère, de son effort dirigé vers la lumière, offre à la petite fleur fragile et blanche ses rayons chauds et forts, afin qu'à la prochaine aube la toute-fragile soit vivante encore.

⁂

Créateur mon frère, Dieu ton père t'a offert un labyrinthe ô combien complexe, qui a pour nom : vie phénoménale. Créateur mon frère, ne t'attarde pas trop à cette complexité-là, sous peine d'entrer dans le domaine noir et sans issue de la confusion. Créateur mon frère, mieux que de perdre ton temps à vouloir remonter aux origines complexes pour tenter de les expliquer, fais plutôt en sorte, Créateur mon frère, que ton cœur soit pleinement libéré, afin que tu puisses sentir dans l'églantine qui, au printemps s'exprime, le délicat parfum de l'Unité incarnée. Et pour être plus précis, Créateur mon frère, voici : n'avance pas ta main vers le rosier sauvage dans le but de toucher ses fleurs : Créateur mon frère, c'est encore là une question de labyrinthe, alors contente-toi de sentir et de voir la rose simple aux cinq pétales et si pour ce faire, Créateur mon frère, tu as suffisamment d'humilité, il se pourrait bien alors que dans la fragilité tu découvres l'empreinte de l'Unité. Créateur mon frère, cinq est quintessence, cinq sont les pétales de l'églantine, Créateur mon frère, sens l'essence de la fleur première et vois, Créateur mon frère : vois les pétales se fondre en UN, en pleine lumière.

⁂

Créateur mon frère, si tu es capable d'élever ton verbe au niveau de la vibration chantée, sur ton épaule viendra l'humble passereau qui, mêlant ses petits cris au son de ta voix forte, te fera pressentir dans l'humilité, l'Unité.

*
**

Créateur mon frère, il existe dans les cirques des personnages souvent tristes qui risquent leur vie. Créateur mon frère, tu es un acrobate et comme ceux qui, sous le chapiteau illuminé de lumière éphémère, mettent en jeu leur fragilité de phénomène, comme ceux-là, Créateur mon frère, tu fais des sauts périlleux. Créateur mon frère, lorsque pour vaincre la pesanteur tu te lances dans le vide, afin d'accomplir un quintuple saut périlleux, juste avant que le porteur, ton compagnon de cirque, dans ses mains te reçoive, ton visage est livide. Mais, Créateur mon frère, dès que ta main touche la paume chaude du porteur, ton visage blême reprend subitement des couleurs, parce que, Créateur mon frère, tu as senti que celui qui t'ouvrait grandes ses mains, le faisait, lui aussi, au risque de sa vie, motivé en cet instant précis par l'amour : l'amour, Créateur mon frère, qui est le chant suprême qu'entonnent ceux qui sentent de faire du deux, une Unité, même si pour y parvenir ils ont souvent la face blême.

*
**

Créateur mon frère, créer c'est ignorer et l'avenir et le passé, afin d'entendre pleinement le chant sublime et simple du présent qui, avec harmonie, crie : vis, chante et ris dans l'instant. L'instant, Créateur mon frère, qui, comme l'éclair de lumière, semble à l'éphémère fugitif et inexistant, mais qui en fait est tout ce que peut percevoir un éphémère doué sur cette terre. Créateur mon frère, celui qui véritablement a perçu l'éclair, verra sa fragilité se transformer en un danseur transparent qui en tourbillonnant laissera passer la lumière à travers son être incarné. La lumière, Créateur mon frère, qui est la voie consciente qui mène par les zigzags de l'éclair au sentir profond de l'UN.

⁂

Créateur mon frère, le don que t'a fait Dieu ton père, ton état phénoménal est ombre et lumière, avec penchant vers la lumière. Ce don, Créateur mon frère, n'est pas une farce, bien au contraire : c'est un cadeau sublime, que tu te dois d'honorer même si tu es infime. Créateur mon frère, tout ce qui est touché par la lumière n'est infime que pour l'observateur à l'âme légère. Créateur mon frère, le grain de sable du désert irradié de lumière est un monde puisque l'infime parcelle de matière a le privilège d'être animée par la lumière. Créateur mon frère, si la lumière se manifeste dans les parcelles, elle n'est pas pour autant parcellaire : car si tes yeux limités ne te permettent de voir qu'une parcelle, ton cœur, lui, sent que la lumière existe dans le plus infime grain de poussière, TOUTE ET UNE.

⁂

Créateur mon frère, s'effacer pour toi n'est pas misère. Car, Créateur mon frère, lorsque humilité fait de toi transparence, passe à travers toi l'essence.

⁂

Créateur mon frère, tu es une ombre dans laquelle s'est perdu un grain de lumière. Alors, Créateur mon frère, sur la terre ta mère, ne te contente pas d'être un pauvre hère : cherche parmi les poussières qui te composent le grain qui les transcende toutes. Créateur mon frère, fais mieux que les hommes vulgaires qui cherchent des pépites afin d'en extraire l'or, fais-toi chercheur, qui cherche de toutes ses forces à trouver en son intérieur une pépite, et, Créateur mon frère, lorsque tu l'auras découverte, ne te contente pas de la contempler avec complaisance, avec satisfaction : ne sois pas éberlué, songe plutôt à en extraire de cette pépite aurifère la quintessence, une quintessence d'or non vulgaire et si tu es capable de faire cela, Créateur mon frère, le métal s'épanouira, comme des pétales de fleurs aurifères devant les hommes, tes frères.

## CHANT 12

Clou mon frère fou, parce que tu as trop perçu l'Aurore avant, tu es maintenant dedans, à l'intérieur, enfermé entre des murs inhumains. Ta vie, Clou mon frère, n'est plus qu'un murmure crépusculaire. Mais, Clou mon frère fou, sans vouloir apesantir par des mots les maux qu'ils te font pour t'apaiser, je te dis : « Dans le crépuscule, l'Aurore vit aussi.

Il existe des fleurs qui portent sur chacun de leurs pétales une empreinte digitale : ces fleurs-là sont celles qui par l'homme d'exception ont été caressées, jamais cueillies. Clou mon frère fou, je sais que toi tu es capable, malgré la fureur qui parfois habite ta fragilité, d'effectuer avec les fleurs sauvages les digitales, celles qui portent l'empreinte de l'homme qui respecte et aime ; je sais, te dis-je, Clou mon frère fou, que tu es capable dans tes moments d'extrême lucidité de te balancer sur le même rythme que les fleurs sauvages par l'homme non contaminées. Clou mon frère fou, je t'ai vu un jour où le grand inconnu soufflait au plus, ouvrir grand tes bras, les pores de ta peau étaient dilatés à l'extrême : tu ne voulais rien perdre de la tempête qui pourtant accentuait ton teint blême. Clou mon frère fou, tu meurs un peu chaque jour, parce que, comme au coquelicot dans le champ au vent exposé, la vie te crie d'ouvrir au plus ta fragilité, même si tu dois pour cela mourir entre quatre murs sous la plus redoutable des tortures : l'écartèlement progressif.

⁂

Clou mon frère fou, ton immense fatigue te fait parfois commettre des injustices, c'est vrai ! Mais ceux qui souffrent sous tes aberrations passagères savent-ils véritablement ce que tu entends quand tu dis : à mon cri strident qui monte et fait grincer des dents, es-tu capable, homme effrayé par mon état instable, de répondre, de répondre non avec ta bouche, ta tête ou ton ventre ; mais avec tes fibres les plus subtiles, les plus fragiles, les plus vibrantes ?

⁂

Toi, toi mon frère fou qui habites l'asile bizarre, l'asile où l'on ne circule que dans des impasses noires ; malgré l'énigme que te pose sans cesse cet atroce labyrinthe tu sais encore rire. Rire aux éclats, rire comme éclate le printemps, rire comme vibre l'éclair et tout cela tu vois, Clou mon frère, c'est ce qui fait que moi, le privilégié de l'extérieur, je peux encore marcher sur les trottoirs immondes sans être saisi par l'angoisse issue de la voracité des gens qui, malgré tous leurs soupirs velléitaires, se trouvent bien dans cette abominable prison sans barreau. Clou mon frère fou, lorsque tu hurles à l'intérieur de l'univers concentrationnaire, moi je hurle aussi mais sans émettre de son ; ce qui fait, Clou mon frère de misère, que nous sommes malgré les murs inhumains et les trottoirs sales, profondément unis et c'est le principal.

⁂

Clou mon frère fou, ils t'ont enfermé parce que tu voulais sans jamais remuer les lèvres entendre ceux vers qui tu allais répondre à des questions que seul ton cœur formulait. Comme ces réponses ne venaient jamais, tu as arpenté la ville et tu as marché si longtemps que tes jambes se faisant de plus en plus lourdes n'ont plus été capables de te porter. Lorsqu'ils t'ont arrêté afin de te reconduire dans l'univers concentrationnaire, tu leur as crié : j'en suis arrivé là parce que, malgré tous mes efforts, personne n'est capable de répondre aux questions muettes que sans cesse mon cœur pose.

⁂

Clou mon frère fou, lorsque ceux de l'extérieur viennent te visiter et qu'ils t'apportent pour t'apaiser quelques gâteaux sucrés, je sais bien, moi, Clou mon frère de démence, que leur geste ne te plaît qu'à moitié. En fait, ton seul désir c'est de trouver dans la part de gâteau la fève qui délivre. Mais lorsque tu tombes sur le petit être caché qui risque de te casser une dent, tu ne trouves à ce jeu, lorsqu'il a lieu, que très peu de saveur, surtout quand tu penses que ceux qui sont venus de l'extérieur, se retrouveront bientôt à l'air libre, pendant que toi tu continueras à souffrir dans l'univers concentrationnaire. Et même le goût sucré des gâteaux qu'ils t'ont apportés ne parvient pas à te calmer, bien au contraire le sucre ne fait qu'irriter tes dents mal soignées. Alors, à cause de la rage de dents, à cause de la rage du dedans, tu te mets à hurler et, lorsque les ombres des déments devant toi passent, tu cries encore plus fort, puis, à bout de souffle, tu te tais et reprends un morceau de gâteau que tu manges jusqu'à ce que sur une de tes dents abîmées vienne une parcelle de sucre qui à nouveau te fera hurler. Clou mon frère de démence, tu es à l'intérieur et moi je suis à l'extérieur ; mais malgré les murs qui nous séparent, je te dis que moi aussi, à l'extérieur, je connais la peur. La peur qui est pour nous, êtres torturés par l'hypersensibilité, issue de l'incompréhension des hommes quant à la perception réelle de l'invisible.

⁂

Clou mon frère fou, ils t'ont poussé à bout, tu t'es poussé à bout, tu n'en peux plus, tu es nu, squelettique, décharné. Mais je sais, moi, Clou mon frère fou, qu'il existe au centre de ces deux extrêmes : ton état de martyr volontaire et involontaire, un point inaccessible à tous les diagnostics. Tant il est vrai, Clou mon frère fou, que si l'on veut parler de lumière, il faut pour le faire avoir profondément souffert.

## CHANT 13

Créateur mon frère, tu le sais bien, toi, qu'il existe des cris qui atteignent une telle intensité de vrai, qu'ils sont comparables au plus profond des silences.

Créateur mon frère, ta souffrance est lame de fond, que seule la mer peut comprendre par affinité.

*
**

Créateur mon frère, lorsque j'observe ton visage grave, lorsque je vois tes traits tirés par ta recherche perpétuelle de la non-ambiguïté, Créateur mon frère, lorsque j'observe tes yeux, ton regard fier, profond et humble, Créateur mon frère, lorsque je vois ton corps d'éphémère torturé et malgré tout rester debout, Créateur mon frère, lorsque mon cœur te considère, voici ce qu'il m'ordonne de te dire : il te faut souffrir beaucoup, Créateur mon frère, pour vivre ne serait-ce qu'un peu, mais ce peu-là est essentiel parce qu'il est un pont qui relie l'éphémère à la lumière.

*
**

Créateur mon frère, lorsque la douleur profonde te fait entrevoir d'autres mondes, n'oublie pas pour autant ta compagne sincère qui, même si elle n'habite pas aussi souvent que toi ces contrées plus que sévères, sait, malgré les rigueurs de ton caractère, être à la fois ta femme, ton amante, ta mère.

*
**

Créateur mon frère, fais en sorte que ton supplice te hisse sur le chemin rude de la plénitude : chemin au bout duquel tu découvriras une aube immortelle. Une aube où toutes les séquelles de ta condition mal digérées disparaîtront, afin que tu sois équitable envers l'unité, par les rayons premiers manifestée.

*
**

Créateur mon frère, tu demandes beaucoup parce que ta souffrance profonde te fait croire que tu donnes tout. Mais, Créateur mon frère, il ne faut pas t'arrêter à ces prémices d'une hiérarchie sommaire. Créateur mon frère, il te faut en vérité tout donner et lorsque ton état d'éphémère par ce don total ne sera plus que triste chair, il faudra alors te rappeler, Créateur mon frère, il faudra te souvenir de l'humus qui dans la forêt vit, parce que les feuilles lui donnent le plus : les feuilles qui avant de se décomposer pour tout donner ont des reflets d'or alchimique.

⁂

Créateur mon frère, Dieu ton père joue avec toi un jeu plus que sévère ; mais ce jeu, Créateur mon frère, est sincère et même si chaque jour de ta vie te semble être une monstrueuse agonie, de ces morts sans cesse répétées peut naître, Créateur mon frère, une lumineuse unité. Créateur mon frère, il te faut mourir sans cesse pour démystifier le paraître.

⁂

Créateur mon frère, ne te laisse pas arrêter par les tortures cruelles qu'endure ton état d'éphémère, mieux que de sombrer dans la misère, Créateur mon frère, rappelle-toi ces mots simples et sincères : avant que sur ton cou la lame ne tombe, fais quelque chose de ta fragilité. Créateur mon frère, ton génie, don de Dieu ton père, t'a rendu à la fois plus faible et plus fort, alors, Créateur mon frère, fais en sorte que malgré les souffrances les plus amères que subit ton état d'éphémère, fais en sorte, Créateur mon frère, que le nain qui, malgré tout, subsiste en toi, ait toujours la force de sourire à la lumière ; mais si sourire à la lumière, Créateur mon frère, est le lot de ton nain intérieur, rire, rire aux éclats solaires, c'est ce que Dieu ton père t'a demandé de faire lorsqu'il t'a offert le plus cruel, le plus sublime des cadeaux : le génie.

*
**

Créateur mon frère, si par instants la vie semble te quitter et qu'en ces moments difficiles vient dans ta bouche un goût amer, ne sois pas triste : mais songe que seuls ceux qui ont connu l'amertume peuvent pleinement apprécier la saveur du miel aux reflets d'or.

*
**

Créateur mon frère, si ta conscience claire née de ton génie te fait parfois trouver par trop amer tout ce qu'il y a d'éphémère sur terre, ne te suicide pas pour autant, Créateur mon frère, mais erre sur le ventre de la terre ta mère, et ce jusqu'à temps que de tes pieds coule le sang. Et si tu sais, Créateur mon frère, endurer sans faillir ce supplice suffisamment longtemps, il se pourrait bien alors qu'un jour tu rencontres des êtres ayant le profond désir de danser, de chanter et de rire à l'aurore : des êtres qui, comme toi, Créateur mon frère, prouveront alors par leurs actes qu'ils sont des compagnons unis par le sentir profond de tout ce qui débute.

*
**

Créateur mon frère, même lorsque la vie semble te fuir, tu ne dois jamais compenser cette apparence de vide par des chimères et si, comme je l'espère, Créateur mon frère, tu es de bonne trempe, après une nuit pleine de tortures et de fantasmes, tu connaîtras à ton éveil le sentir de l'aurore pleine : tu connaîtras, Créateur mon frère, la béatitude que connaissent ceux qui, devant la lumière, savent rester humbles et fiers.

*
**

Créateur mon frère, toute parcelle véritablement vivante qui souffre sur terre produit un déchirement dans tout ce qui vit. Mais, Créateur mon frère, déchirement n'est pas mort, bien au contraire : déchirement est vie, Créateur mon frère, parce que la mère, lorsqu'elle s'ouvre pour donner naissance à son enfant, se déchire et perd du sang.

***

Créateur mon frère, tu le sais, mais je te le répète, afin qu'ensemble nous puissions danser sans jamais désespérer : il faut souffrir beaucoup pour vivre un peu le chant de l'instant qu'est la vérité. Créateur mon frère, n'oublie jamais que ton état d'éphémère ne pourra vivre la vérité, que si ton cœur a senti que seul le présent est capable de transcender le temps.

***

Créateur mon frère, lorsque Dieu frappe à la porte de ta fragile carcasse, ouvre-lui ta porte : laisse pénétrer la lumière. Car, Créateur mon frère, si le don tu as, le don tu dois restituer. Et peut-être, Créateur mon frère, que restituer le don consiste à se laisser brûler par la lumière.

***

Créateur mon frère, si lorsque tu marches face au vent fort d'hiver, une crevasse tenace torture la peau de ta face, Créateur mon frère, malgré la douleur, continue à marcher : affronte le vent efficace. Car, Créateur mon frère, je te le dis : des plaies les plus purulentes peut naître une lumière ardente. Créateur mon frère, envers et contre tout affronte le vent d'hiver, parce que même si les visages dénudés ont froid, de ce froid-là, Créateur mon frère, peut naître une chaleur lumineuse.

***

Créateur mon frère, n'oublie jamais que la souffrance comme la lumière sont faites de la même matière impondérable.

⁂

Créateur mon frère, fais en sorte d'être là lorsque l'Aurore aux reflets de feu se lève pour annoncer une journée d'hiver rude. Et si tu sais, Créateur mon frère, en ce matin froid, regarder avec humilité la terre ta mère, tu pourras peut-être apercevoir un pétale blanc de perce-neige taché de sang. Alors, Créateur mon frère, par analogie, tu comprendras pleinement la souffrance du petit végétal qui, de sa propre chaleur vitale, a percé la neige, afin de se réchauffer au soleil hivernal.

⁂

Créateur mon frère, lorsque ton état d'éphémère te fait endurer les pires tortures, ne sombre pas pour autant dans le « désespère » ; mais songe plutôt, Créateur mon frère, à la rose qui, malgré le givre et la morsure du vent glacé, fleurit en plein hiver.

⁂

Créateur mon frère, l'angoisse de la mort peut faire de toi un violent révolutionnaire : je sais bien, Créateur mon frère, qu'on accepte difficilement le gouffre béant. Mais, Créateur mon frère, de toutes les forces de mon cœur pleinement vivant, je te crie : si, lorsque tu tomberas dans le gouffre sombre de la mort, ton être est encore capable, malgré son état mortel d'écorché, de crier fort : ton ultime chant, Créateur mon frère, pourra briser les barrières imposées par le gouffre noir et amer. Alors, Créateur mon frère, perdu dans les immensités, tu seras encore capable, malgré ces distances considérables, d'entendre le cri sur terre du nouveau-né qui appelle la vie.

⁂

Créateur mon frère, il existe dans le ciel rempli d'étoiles, un astre qui brille, afin que devant tes yeux ne subsiste aucun voile. Créateur mon frère, marche, marche longtemps jusqu'à ce que tes pieds suintent le sang et au moment précis où la douleur se fera intolérable, lève les yeux vers ton étoile, Créateur mon frère, ton étoile qui est aussi soleil capable d'éclairer et tes jours et tes nuits.

⁂

Créateur mon frère, si la lumière d'or au goût de source t'a choisi pour lit, c'est pour que tu danses jusqu'à l'épuisement total de tes forces avec la source de lumière intense. Et dans ce tourbillon où tu auras tout investi, disparaîtra la question : suis-je ou ne suis-je pas créateur de lumière ? Créateur mon frère, la lumière, tu ne peux la créer, mais tu peux la vivre, la chanter et la danser.

⁂

Créateur mon frère ; toutes les vérités sont bonnes à dire, mais dire des vérités ne suffit pas, il faut encore avoir un caractère qui te permette de souffrir le supplice que t'inflige le chant vrai jailli de ton cœur : ton cœur qui chante des bribes de vérité vibrée dans le but de rejoindre l'unité.

⁂

Créateur mon frère, la violette comme la primevère peuvent fleurir dans les univers concentrationnaires ; mais, Créateur mon frère, ces fleurs-là, il ne faut jamais les cueillir, parce qu'elles sont le seul espoir de ceux qui se sentent petit à petit périr. Créateur mon frère, lorsque pour un humain qui profondément souffre, l'humble fleur des bois se fait soleil, nul n'a le droit d'en arracher ne serait-ce qu'une infime parcelle.

*
**

Créateur mon frère, partout où vivent des êtres internés, existe un point précis où pousse une fleur riche de tous les chants profondément et cruellement désespérés.

*
**

Créateur mon frère, tu le sais bien, toi, qu'il existe dans toutes les prisons du monde, des araignées qui empêchent, par leur mobilité vivante, les prisonniers de se totalement désespérer.

*
**

Créateur mon frère, tu es un infirme, parce que la lumière, à force de vouloir te faire trop danser, a fait de toi un être mortellement blessé. Mais, Créateur mon frère, s'il te reste, malgré ton atroce souffrance, suffisamment de force pour regarder le sang qui jaillit de ta blessure, tu pourras voir, Créateur mon frère, s'unir le pourpre et la lumière d'or. Alors, Créateur mon frère, redressant dans un ultime effort ton corps d'éphémère torturé, tu pourras voir s'allumer dans le brasier de ton sang des petites croix en X, lumineuses au plus : des petites croix, Créateur mon frère, qui, à force de se mouvoir à la vitesse de la lumière, se métamorphoseront en cercle, signe de l'éphémère transcendé.

*
**

Créateur mon frère, être déraciné, c'est ne pas avoir souffert assez pour se rendre compte : se rendre compte que les racines ne peuvent véritablement vivre que si elles sont abondamment arrosées de lumière.

⁂

Créateur mon frère, si lorsque tu accouches, ta bouche se crispe, tes yeux se révulsent, ton front se plisse : ne sois pas effrayé de ton image par le miroir reflétée, car, Créateur mon frère, tu ne dois pas ignorer que les plus belles roses naissent du fumier.

⁂

Créateur mon frère, si le fou qui vit, danse et chante en toi te fait percevoir chez les humains des imperfections basses et étranges, ne chasse pas pour autant le grand malade de ton être : vois plutôt, si ce danseur désordonné, n'est pas en fait le maître d'œuvre de toute ta personnalité.

Créateur mon frère, le fou est un sage qui souffre trop pour jouer au devin, au gourou, au sage. Mais il sent, le dément, juste avant que la crise horrible ne vienne, les hommes comme des hyènes dévoreuses de subtil et c'est à cause de ces fauves dégénérés que le fou en toi tu voudrais tuer ? Créateur mon frère, je te le dis parce que je le vis, le grand fou dans sa danse paradoxale, voit plus que tous les sages qui veulent juger ce monde infernal. Créateur mon frère, ne tue jamais le fou qui fait exploser en ton intériorité des orages sévères qui pourraient t'amener au tremblement définitif : ne le tue pas, ce personnage perpétuellement en nage à force de vouloir faire jaillir de tous les pores de sa peau : la vie. Ne le tue pas, respecte-le et interroge-le, demande-lui avec humilité de ne jamais te quitter, car si cette aberrance forte jusqu'à l'outrance venait, par ta faute, à disparaître de toi, il se pourrait alors, Créateur mon frère, que tu sombres dans la plus noire des misères : celle des êtres pétris de rationnel et de matière, des êtres qui sans but véritable errent sur la terre. La terre, qui, sous leurs pas trop lourds, devient cimetière.

*
**

Créateur mon frère, tu le sais bien, toi, qu'il y a plus dans le fou qui encore espère, que dans l'homme issu de la norme qui, lui, n'a jamais suffisamment souffert pour savoir, sentir et comprendre ce que veut dire véritablement : « espère » jailli du souffert.

*
**

Créateur mon frère, Dieu ton père a créé l'enfer pour que tu fasses de ta matérialité un tremplin, afin de t'élever en un bond gigantesque vers la lumière : la lumière, Créateur mon frère, qui est en Dieu ton père et que ton saut d'acrobate, exécuté à l'intérieur de toi-même, te fera découvrir en l'instant précis où ton exercice périlleux te semblera le plus inhumain. Alors, Créateur mon frère, l'énorme malaise né d'un exercice par trop périlleux, te fera percevoir l'instant d'un éclair dans la nuit profonde de ton être, le cœur de Dieu, ton propre cœur.

Créateur mon frère, Dieu aime les acrobates, parce qu'à force d'avoir la tête à l'envers, ils ont mal au cœur et de ce fait, le perçoivent, ce cœur, et c'est l'essentiel. Dieu aime par affinité l'essentiel parce qu'IL est essence lui-même, et pour bien comprendre cela, Créateur mon frère, réfléchir ne suffit pas, il faut pour véritablement sentir l'essence laisser son cœur être le maître de son rire, de son chant et de sa danse.

*
**

Créateur mon frère, Dieu ton père t'a offert et le génie et le calvaire. Créateur mon frère, de ta fragile carcasse de phénomène IL t'a demandé, Dieu ton père, d'extraire une tache pourpre capable de résister même à la lumière. Créateur mon frère, tends à être tout entier cette teinture indélébile qui réfracte la lumière, afin,

Créateur mon frère, qu'après avoir livré combat à la toute-belle, à la toute-lumineuse, tu puisses, vaincu par elle, ressortir vainqueur du combat, parce que mourir pour renaître UN avec la lumière, c'est ce qu'il peut arriver de plus beau aux éphémères que nous sommes, Créateur mon frère.

***

Créateur mon frère, ne laisse jamais le petit homme qui subsiste en toi écouter ce qu'ils disent sur l'enfant nouveau-né. Créateur mon frère, vois plutôt dans le petit être tout gluant qui se pousse et est poussé par la mère vers la lumière, un véritable début qui se passe de toutes les chimères issues de ceux qui veulent expliquer, analyser, disséquer le nouveau-né, pour faire croire au petit homme qui subsiste en toi, que celui qui naît n'est qu'une bouche qui s'ouvre pour manger.

Créateur mon frère, tu le sais bien, toi qui as un cœur sincère, qu'être digne c'est donner à manger à tout être humain qui a faim, cela évidemment tu ne peux pas l'ignorer ; mais si ton cœur a véritablement senti le cri de celui qui débute, tu pourras découvrir alors que le nouveau-né est autre chose qu'un tube digestif, qu'un viscère. Car, Créateur mon frère, si tu es là et que tu m'écoutes, si nous sommes frères, c'est que nous sommes un peu plus que des viscères. Créateur mon frère, ils peuvent nous abîmer en taillant nos chairs vives ravalées au rang de ce qu'ils appellent matière, mais, Créateur mon frère, aucun bistouri n'est capable de trancher aussi profond que les profondeurs où se cache la lumière : profondeurs, Créateur mon frère, qui se situent bien au-delà de tous les viscères.

⁂

Créateur mon frère, ne perds pas ton temps à imaginer l'inimaginable, ouvre-toi : ouvre-toi, Créateur mon frère, à la souffrance forte et vois à travers la brèche qu'elle aura ouverte dans ton cœur pénétrer la vie en puissantes vagues, et lorsqu'en toi vivra la mer, Créateur mon frère, tu ne te poseras jamais plus les questions : suis-je capable de réaliser l'irréalisable, suis-je capable d'imaginer l'inimaginable ? Car, Créateur mon frère, comme la vague forte qui sans cesse se meut, tu danseras alors sur le pas rude de la vie : la vie qui, elle, ne se pose jamais de questions, mais sans cesse jaillit.

⁂

Créateur mon frère, si durant ta vie les chants qui t'ont perpétuellement assailli ont fait de toi un être meurtri, pose-toi l'ultime question : n'ai-je pas failli, failli quant à l'essentiel de ma vie ? Et si au cours de cette méditation amère, Créateur mon frère, une petite fille s'approche de toi et te sourit, vois dans cette rencontre libre, le signe qu'en toi, bien au-delà de toutes amertumes, existe quelque chose qui véritablement vibre.

⁂

Créateur mon frère, par le don solaire que t'a fait Dieu ton père, tu es Apollon à la peau suintante de lumière, tu es aussi, Créateur mon frère, Dyonisos au cœur rendu fou par les senteurs sublimes de la terre, lorsque par le soleil incitée, elle s'exprime au plus. Créateur mon frère, Apollon et Dyonisos en toi s'accouplent pour ne faire qu'un, afin de te récompenser par le don de l'unité, de ta souffrance profonde avec noblesse endurée.

## CHANT 14

Créateur mon frère, lorsque tu sentiras ton corps d'éphémère t'abandonner, souviens-toi alors que la barque d'Isis est un char qui conduit vers l'éternité, tous les corps exténués à force de s'être surpassés.

Créateur mon frère, fais en sorte que l'agonie se termine pour toi par un rire aux éclats ; et non, Créateur mon frère, que ta fin sur terre soit marquée par un sourire amer d'être qui en est resté las.

⁂

Créateur mon frère, ne t'avise jamais de faire de ton état d'éphémère une complainte amère ; car, lorsqu'en baptême on a reçu la lumière, on se doit, par le rire, le chant et la danse de restituer à l'astre solaire ce qu'il nous a donné : la source première.

⁂

Créateur mon frère, si brusquement dans la nuit tu te réveilles brûlant de fièvre, lève-toi et va dans les brumes froides et étrangères contraires à ton corps brûlant. Puis, Créateur mon frère, marche, marche longtemps dans ces contrées glaciales et si le froid n'a pas raison de toi, tu pourras, Créateur mon frère, au bout du chemin, voir l'aurore aux subtilités de rose se lever : tu pourras, Créateur mon frère, te réchauffer à la lumière naissante.

⁂

Créateur mon frère, ton rire ne doit jamais être une esquisse de sourire, mais un éclat : un éclatement solaire !

⁂

Créateur mon frère, lorsqu'incorporé au feuillage roux tu vis l'automne dans la quiétude des tons vermeils, médite sur ton hibernation volontaire, médite, Créateur mon frère, sur ton moi jusqu'à temps qu'il s'ouvre au soi. Et si véritablement tu fais cela, Créateur mon frère, tu salueras le printemps à venir en être fort, vivant et debout. Puis, une fois l'été venu, lorsque le soleil brûlant exprimera ta sueur, jusqu'à faire de ton être une minceur apte à la danse, au chant et au rire, tu pourras alors pleinement sentir ce que veulent dire les saisons qui sans cesse se renouvellent.

Créateur mon frère, si je ne t'ai pas parlé de l'hiver, c'est que je sais que les visages aussi dénudés que le tien, connaissent le froid en toutes saisons.

*
**

Créateur mon frère, le don que t'a fait Dieu ton père, ne laissera jamais ton cœur en repos durant ta vie d'éphémère marquée par la lumière. Créateur mon frère, Dieu exige de toi que ton cœur, malgré ta souffrance, batte de plus en plus fort. Et ce, Créateur mon frère, jusqu'à ce qu'il meure pour renaître en harmonie avec le cœur de l'enfant nouveau-né qui vagit la vie.

*
**

Créateur mon frère, les rencontres que tu pourras faire durant ta vie d'éphémère ne seront jamais velléitaires, si les êtres que tu côtoies savent comme toi dépasser le paraître. Créateur mon frère, je te le dis, dépasser le paraître, c'est deux fois naître, pour être.

*
**

Créateur mon frère, lorsque ta voix s'enrouera et que ton corps sera chargé de misère, ne te plains pas et même si ton corps décharné ne peut plus avancer, fais un ultime effort, impulse-le, ce corps, lève-toi et danse, danse, Créateur mon frère, secoue ta carcasse d'éphémère avec violence et si tu es capable de faire cet ultime effort, il se pourrait bien alors que ta dernière danse soit une danse solaire : une danse première.

*
**

Créateur mon frère, n'oublie pas ce paradoxe : tu es doué, mais si véritablement le don en toi est, perpétuellement tu te devras de le remettre en question. Tu pourrais me répondre, Créateur mon frère, comment peut-on remettre en question la lumière, alors je te dirais : la lumière en toi existe plus que les ténèbres, puisque tu es créateur, mon frère. Mais, malgré le don qui t'a été fait, méfie-toi tout de même de l'ombre, parce que par complaisance on peut rendre sombre une parcelle de lumière. Créateur mon frère, tu le sais bien, toi, que ces propos ne sont pas pessimistes, car la lumière, UNE par son immensité qui irradie, se moque du plus petit. Créateur mon frère, au-delà de toutes discussions philosophiques, il est sage de sentir, durant sa vie de phénomène, même s'il est doué ce phénomène comme tu l'es, Créateur mon frère, que si le plus petit disparaît toujours dans le plus grand, il est préférable de faire de sa vie quelque chose qui tend vers le grand, plutôt que de se diminuer à force de complaisance. Et puis, Créateur mon frère, mon cœur sent de rajouter : tandis que le plus grand finit pour commencer dans la grande osmose, le plus petit termine pour finir englouti.

*
**

Créateur mon frère, exprime la quintessence de ton état d'incarné au-delà de la limite de tes possibilités, afin de découvrir après ton finir le sublime de l'apesanteur.

*
**

Créateur mon frère, même si des séquelles de faiblesse éveillent en toi des idées de facilité, ne te laisse pas aller : bien au contraire, sois vigilant, car tu le sais, toi, que la vie n'est ni triste ni gaie, mais qu'elle EST ; elle est grave et les accents profonds de sa gravité sont : Amour, Force, Sagesse, Beauté.

*
**

Créateur mon frère, ne t'effraie pas à la vue de tout ce qui jaillit de toi. Et si un jour la grande angoisse te saisit, regarde tout ce qui émane de toi, regarde tout cela, Créateur mon frère, comme un enfant qui, pour la première fois, perçoit la lumière. Créateur mon frère, ne sombre jamais dans le pessimisme, ne te dis pas : ma vie est un calvaire, mon dualisme me tue. Mieux que de t'attarder sur ces propos amers, Créateur mon frère, ouvre-toi à la vie et laisse pénétrer au plus profond de tes mondes inexplorés les étoiles rouges, vertes, jaunes et pourpres qui constituent l'univers de ta nuance.

*
**

Créateur mon frère, il n'existe pas de nuit sans étoiles, car même si le temps est couvert, les étoiles brillent au-delà des nuages éphémères. Créateur mon frère, si tu es par rapport à toi-même suffisamment sévère, même par temps très couvert, tu pourras percevoir dans le noir profond une myriade d'étoiles : multiples parcelles de lumière qui sont toutes, pour l'être sincère, les signes de l'unité éclatée et qui ne demande qu'à se reconstituer.

*
**

Créateur mon frère, même si ton génie, à force de te faire souffrir, en venait à exaspérer ta fragilité de phénomène, Créateur mon frère, ne faiblis pas : rappelle-toi plutôt comme la mère souffre pour mettre au monde son enfant, rappelle-toi, Créateur mon frère, toute la lumière présente dans l'instant où l'espèce se perpétue, où la mère enfante. Créateur mon frère, méfie-toi des faiblesses de ton état d'éphémère : ne fais pas de ta vie une fragilité spectaculaire et complaisante, ne fais pas comme tes faux frères les philosophes qui, sous le déguisement d'hommes à la recherche de la vérité, n'ont en fait qu'un seul but : se faire approuver en voulant expliquer l'inexplicable.

⁂

Créateur mon frère, tu peux faire mille variations sur ton moi sans atteindre quoi que ce soit. Mais, Créateur mon frère, si ton moi tu as su dépasser, sans pour autant l'oublier, il te chantera alors le chant de l'UN. Créateur mon frère, fais en sorte que ton moi, par ta souffrance ciselé, soit une immense perméabilité au soi : le soi, Créateur mon frère, qui est la matrice de toute osmose.

⁂

Créateur mon frère, si tu es le spectateur de la fin de la terre ta mère : lorsque le dernier arbre tombera, ne pleure pas, Créateur mon frère, ne sois pas amer, songe plutôt que l'arbre plonge ses racines dans une terre de lumière. Et tu le sais bien toi, Créateur mon frère, que la lumière ne s'arrête pas à la planète terre.

⁂

Créateur mon frère, si ta perspicacité t'amène à dépasser ton intellectualisme, piège que t'a infligé Dieu pour t'éprouver, ensemble Créateur nous pourrons chanter sur tous les tons le mot : frère.

⁂

Créateur mon frère, si l'on te reproche un jour d'être un rêveur trop éloigné de la terre, réponds à ton interlocuteur qu'il ne faut pas confondre planer et voler, puis ajoute : si l'oiseau sait aussi planer, il sait surtout voler et qu'est-ce que voler ? Voler c'est être capable d'impulser un effort qui fait s'élever. Et puis, Créateur mon frère, si le bavard réitère, n'ajoute rien, ne prononce aucune parole amère, éloigne-toi de lui en progressant en marche arrière pour ne pas le quitter des yeux et bats des deux mains pour lui faire signe de se taire. Et lorsque tu atteindras l'épiphanie, la vue du haut du chêne plusieurs fois centenaire, ne méprise pas le petit point sombre qui gravite sur la terre : songe plutôt à trouver ton chemin, car, Créateur mon frère, le temps pour toi est venu d'effectuer ta migration au pays des Aurores perpétuelles.

⁂

Créateur mon frère, au-delà de toutes anecdotes historiques, mon cœur sent de te dire : n'oublie jamais le cri de l'Indien d'Amérique mort debout et supplicié pour tenter d'assumer la pérennité de sa noble espèce. Créateur mon frère, l'Indien est, pour nous autres hommes des villes, un grand symbole, parce que tout près de nous dans le temps il a vécu. Créateur mon frère, les yeux de nos pères ont pu voir qu'ils étaient, ces amoureux du soleil, des véritables : des véritables capables de mourir debout, afin que leurs enfants puissent réapprendre à véritablement marcher. Créateur mon frère, n'oublie jamais les êtres sains qui, prodigues de leur sang riche et pur comme la source, ont offert leur vie en hommage aux dieux, à Dieu qui, Lui, sait reconnaître, malgré les apparences, ceux qui meurent pour la vie, ceux qui meurent pour la renaissance.

⁂

Créateur mon frère, souviens-toi du dernier cri de l'oiseau qui agonise. Souviens-toi de l'humble passereau qui, avant de mourir, a rendu par son cri un hommage au non-finir. Créateur mon frère, comme l'oiseau il te faudra faire, comme l'oiseau il te faudra rendre hommage avant de mourir, par le chant, la danse et le rire, au non-finir.

⁂

Créateur mon frère, les hommes ne restent pas tous à l'état de pantins, il en existe qui, à force d'être secoués, deviennent livides ; mais, Créateur mon frère, ces marionnettes-là ne sont pas faites de vide. Ils sont, Créateur mon frère, ces petits danseurs, des détenteurs de sang qui ne font jamais semblant. Et, Créateur mon frère, celui qui sait peut voir dans ces petits visages l'espoir : l'espoir, Créateur mon frère, que l'on peut percevoir dans le regard intense qu'ont tous ceux qui véritablement se donnent.

⁂

Créateur mon frère, ne confonds jamais se forcer et se dépasser. Car se forcer, Créateur mon frère, c'est toujours tourner en rond dans le cercle égocentrique de son moi : tandis que se dépasser, Créateur mon frère, c'est crever la gangue du moi, afin que le soi inonde de sa source l'être tout entier.

⁂

Créateur mon frère, l'être banal prend le simple pour l'infernal : ne fais pas comme lui, Créateur mon frère ! Car même si ton état duel t'oblige parfois à descendre aux enfers, ne rapporte pas sur le vaisseau qu'est la terre une atmosphère pourrie d'amertume, une atmosphère d'enfer. Fais tout le contraire, Créateur mon frère, garde pour toi les enfers et donne aux autres la lumière. Si tu fais cela, Créateur mon frère, je pourrai alors t'appeler compagnon du savoir-faire véritable.

⁂

Créateur mon frère, si durant ta vie tu es suffisamment fort de caractère pour honorer le don que t'a fait Dieu ton père, ton génie, il se pourrait bien alors que, dans les ténèbres où baigne ton dualisme d'éphémère doué, tu perçoives, Créateur mon frère, un cercle plein de lumière.

⁂

Créateur mon frère, lorsque ma voix s'enroue, que la fatigue me gagne et que mes yeux se ferment, je pense à toi et deviens plus ferme. Créateur mon frère, tu es une étoile et ta lumière vive m'incite à secouer ma pesanteur, afin de danser avec toi, Créateur mon frère, dans le ciel né de ta profondeur.

⁂

Créateur mon frère, lorsque tes yeux se ferment et que des images t'apparaissent en pleine lumière, ne baisse pas le regard devant l'œil terrible qui te fixe, car cet œil, Créateur mon frère, est là pour t'inciter à voir plus.

⁂

Créateur mon frère, lorsque la souffrance endurée par ton état d'éphémère te rend amer, ne rumine pas. Mais demande plutôt pardon, Créateur mon frère, à Dieu ton père pour avoir eu la faiblesse de laisser ta souffrance embuer tes yeux. Tes yeux, Créateur mon frère, qui pendant cette période amère n'ont pu voir la rose d'hiver, n'ont pu voir la mère qui, envers et contre tout, espère. Tes yeux, Créateur mon frère, qui n'ont pu voir ta compagne qui, par amour pour toi, endure parfois l'enfer. Créateur mon frère, fais en sorte lorsque ta bouche devient amère de rechercher le liquide d'or, créé par des ouvrières infimes, mais ô combien sublimes ! afin, Créateur mon frère, que le goût du miel fasse à jamais disparaître de ta bouche l'amer.

⁂

Créateur mon frère, vivre debout, c'est être en parallèle avec l'axe et ce sont ces parallèles-là, Créateur mon frère, qui se rencontrent.

⁂

Créateur mon frère, régénère ton éphémère si tu ne veux pas faire de ton incarnation une tristesse qui dégénère.

⁂

Créateur mon frère, même si la pourriture des êtres qui dégénèrent engendre des monstres dans le monde intermédiaire, ne sois pas effrayé par ces monstres engendrés ; non, Créateur mon frère, ne t'effraie pas à la vue de ces monstres nés de leurs mauvaises manières : de leurs mauvaises manières qui persistent dans le monde intermédiaire. Car, Créateur mon frère, comme l'âne, ton compagnon par affinité, l'âne, Créateur mon frère, qui a porté la lumière il y a deux mille ans, comme lui tu es un simple, un naïf, un inculte et, Créateur mon frère, le simple incarné est un sommet relatif, le simple, Créateur mon frère, est le sommet que peut atteindre l'incarné, l'éphémère, l'humble natif, l'homme doué qui n'est pas fils de Dieu, mais qui, comme l'âne, est une bête porteuse de lumière, et celui-là, Créateur mon frère, se rit de toutes les mauvaises manières.

⁂

Créateur mon frère, Dieu est Celui qui enseigne l'ivresse contrôlée : Il est un maître et il ne tient qu'à toi de faire de ton paraître une esquisse de maîtrise qui en toi fera danser l'être.

## CHANT 15

Créateur mon frère, n'oublie jamais que si de ta vie tu veux faire un chef-d'œuvre, il te faudra, avec la main forte du forgeron, prendre l'outil et tailler dans ta chair : sans anesthésie.

Créateur mon frère, le miel comme l'or ne se fabriquent pas, ils se créent.

***

Créateur mon frère, tu fais partie de la race des finisseurs et c'est grand bien pour toi. Créateur mon frère, tu le sais bien, toi, que seuls ceux qui sont capables de véritablement finir sont les signes, sur terre, de ce qui véritablement débute.

Créateur mon frère, être capable d'épuiser jusqu'au bout son état de phénomène, c'est hisser l'infime au niveau de la lumière.

Créateur mon frère, comme les bâtisseurs, nous sommes des finisseurs et notre cathédrale à nous est une immense bâtisse construite sur des fondations adogmatiques, desquelles émerge un édifice simple et sublime dédié à la Rose des origines. Et de cette construction-là, Créateur mon frère, se dégage une telle puissance d'amour, de force, de sagesse et de beauté qu'une fois le travail terminé, l'ouvrier prend un recul pour contempler l'œuvre achevée. Alors il exprime, dans un cri fort et simple, la joie totalement libérée issue de son cœur sain qui bat, Créateur mon frère, sur le même rythme que les pierres qu'il a assemblées en un sublime édifice dédié à l'unité. Créateur mon frère, il existe entre l'homme qui travaille et la pierre qui subit les coups répétés du ciseau qui taille une affinité tellement subtile que, pour un regard habile qui sait observer, la pierre qui souffre et l'homme qui frappe ne font qu'UN.

***

Créateur mon frère, il existe dans le feuillage d'or d'automne une profondeur solaire qui peut nous donner, Créateur mon frère, le sentir réel de ce qu'est l'or alchimique : qui peut nous transmettre, Créateur mon frère, le don du véritable savoir-faire.

*
**

Créateur mon frère, si parfois une voix te dit que tu exagères de donner ainsi avec tant de générosité le sang et la chair dont ton corps est composé. Créateur mon frère, n'écoute pas cette voix-là car elle est issue de ton moi. Créateur mon frère, mieux que de t'apesantir sur un moi qui peut t'amener au pire, prends plutôt, une fois pour toutes, la décision de faire de ce moi qui pourrait t'amener à la déraison raisonnable un outil solide. Créateur mon frère, dompte ta main pour que l'outil de statique devienne actif et fais en sorte, Créateur mon frère, que cet actif soit lavé de tout activisme, afin que tu sois en mesure de recréer, à partir de ton humble personnalité, une entité apte à parfaitement s'intégrer à l'unité.

*
**

Créateur mon frère, tout savoir est un savoir-faire et ton savoir-faire à toi, Créateur mon frère, peut tenir dans ces mots jaillis du verbe : simplicité, sagesse, force, amour, beauté.

*
**

Créateur mon frère, lorsque ton cœur d'éphémère aura bien senti que tu es unique, il te restera alors le principal à faire pour que ne soit pas vain ton passage sur terre. Par là, je veux dire, Créateur mon frère, que si tu te reconnais comme unique, tu te dois de savoir d'où vient ta profonde originalité. Et, Créateur mon frère, moi qui humblement souffre en être fier je prends parti et te dis : tout ce qui en toi est véritablement primordial vient de Dieu ton père. Créateur mon frère, nous autres éphémères doués sommes des êtres prédestinés au « voir », le « voir », Créateur mon frère, qui nous permet, lorsque vient le dernier battement de paupières, de garder suffisamment d'humidité dans l'œil : une humidité issue de la source profonde de notre être, humidité qui nous permet, Créateur mon frère, ne serait-ce qu'un tout petit instant, de contempler la lumière sans cligner de l'œil.

⁂

Créateur mon frère, les fleurs sont différentes des hommes : l'humble primevère vit avec autant d'intensité que l'edelweiss qui pousse sur les sommets.

⁂

Créateur mon frère, lorsqu'à force de combattre ton moi, tu le sentiras à ta merci, ne le tue pas, Créateur mon frère, dompte-le ! Afin qu'il t'aide à construire un pont entre l'éphémère et la lumière.

⁂

Créateur mon frère, si par magie tu pouvais être un bûcheron à but contraire : c'est-à-dire, Créateur mon frère, plutôt que d'abattre des arbres, détruire par le feu tous les écrits inutiles. Si par magie, tu pouvais cela, Créateur mon frère, à l'aide de tes mains tendues, tu pourrais tirer de la cendre encore chaude des brassées de poussière noire, que la magie, Créateur mon frère, t'aiderait à reconstituer en arbres innombrables. Et dans cette forêt immense par toi recréée, tu pourrais entendre, Créateur mon frère, une infinitude de sources de sève battre l'hymne fort de la nature bafouée, mais par la magie et toi régénérée.

⁂

Créateur mon frère, ne dis jamais je vais construire mille œuvres, mais fais en sorte que ton cœur, par ta souffrance purifié, érige ta vie en chef-d'œuvre.

⁂

Créateur mon frère, même lorsque par ta bouche la vérité s'exprime et que tu trouves à la toute sublime un certain goût amer, ne te laisse pas aller au « désespère » : pense plutôt, Créateur mon frère, que, lorsque tu t'exprimes, tu dois tenir compte de ce qui subsiste en toi d'indigne. Créateur mon frère, pour anéantir cet infime qui dans ton être subsiste, appelle de toutes tes forces l'action, lève-toi et, une fois sur la pointe des pieds, esquisse un pas de danse premier qui t'amènera, Créateur mon frère, si le geste est véritablement sincère, à danser. Et puis, Créateur mon frère, lorsque l'élan sera donné, une force t'obligera en plus à chanter et lorsque de ta bouche, Créateur mon frère, sortira un hymne à la lumière dédié, ta fragilité d'éphémère, vibrera à un tel point, avec une telle force, que ton être tout entier sera secoué d'un rire aux éclats solaires.

⁂

Créateur mon frère, le don que t'a fait Dieu ton père, ton génie, t'ordonne de travailler comme le fait l'abeille jusqu'à la mort. Jusqu'à la mort, Créateur mon frère, qui éveille. Créateur mon frère, n'oublie pas que si le miel de la ruche a des reflets d'or alchimique, c'est parce que des êtres, qu'on appelle vulgairement insectes, sont capables pour que vive le subtil de travailler jusqu'à l'épuisement de leur fragilité incarnée. Créateur mon frère, tous les êtres qui sentent véritablement la vie sur terre meurent pour l'éveil de ce que la plupart appellent de façon vulgaire : matière.

⁂

Créateur mon frère, travaille, sous la dictée de Dieu ton père, jusqu'à l'épuisement de ton état d'éphémère. Et si tu fais cela, Créateur mon frère, il se pourrait bien alors qu'au pays de la lumière, tu ne sois pas un inconnu.

*
**

Créateur, le mutant positif, ton frère par excellence, est celui qui, dépassant sa souffrance de phénomène torturé, est capable avec ses mains de construire des marches qui, une fois terminées, deviennent escalier de lumière. Créateur mon frère, l'intuition première, l'intuition de l'unité, c'est la vision d'un escalier sculpté par tes mains fortes et musclées de mutant qui, une fois son chef-d'œuvre terminé, comprend qu'à nouveau il lui faudra construire un autre escalier. Créateur mon frère, ne me réponds pas qu'à ce jeu on peut se lasser, parce que si tu es mort suffisamment de fois, pour renaître dans l'éclat de ton cœur, jamais la tâche du constructeur ne pourra te lasser. Créateur mon frère, tout travail au nom de l'UN régénère la personnalité tout entière, les ouvriers de la lumière ne connaissent pas, Créateur mon frère, l'amertume de l'habitude.

*
**

Créateur mon frère, une fois qu'avec rigueur et vigueur ton cœur s'est exprimé, vient le silence... C'est alors, Créateur mon frère, que naît véritablement l'instant de présent où il faut faire, Créateur mon frère, des semences. Et si avec amour tu fais le geste du semeur, tout ton être pourra vibrer au prochain printemps à la vision, au toucher de l'épi de blé venu à maturité.

*
**

Créateur mon frère, sculpte ton être à l'aide de ton moi et vois ton corps opaque devenir transparent, vois ta pesanteur se faire légère, vois dans ton petit être né de la terre s'insérer tout l'univers.

⁂

Créateur mon frère, tu es né pour travailler, car le travail, Créateur mon frère, c'est l'hommage perpétuel que tu te dois de rendre à Dieu ton père, en remerciement du sublime cadeau qu'Il t'a fait : ton génie. Créateur mon frère, ce n'est pas moi qui vais te l'apprendre, tu sais bien en quoi consiste ton travail, il consiste à toujours respecter ta mère, la terre, en la fertilisant de tes mains d'où émanent des rayons solaires, Créateur mon frère, rude est ton labeur, mais pour que ton état d'éphémère ne soit pas sali de taches de sang, fais en sorte d'être à la fois pesant, pour bien faire sentir à la terre ta mère que tu n'es pas qu'un éphémère, et à la fois, Créateur mon frère, tu te dois d'être léger, afin de ne pas écraser l'épi de blé qui est pain et lumière.

⁂

Créateur mon frère, aussi loin que pourra aller ta création d'éphémère doué, elle n'atteindra jamais les couches profondes de ta personnalité. Créateur mon frère, ces terres lointaines sont absolument vierges, parce que, dans ces contrées sévères et solaires, Dieu ton père seul peut s'y aventurer. Créateur mon frère, que ce que je viens de te dire ne te rende pas amer, car tu auras toujours la ressource, Créateur mon frère, de créer, dans la mesure de tes possibilités, des mondes inexplorables et cette création-là, Créateur mon frère, sera toujours, même si elle n'est pas absolue, un essai d'approche par Dieu ton père reconnu.

*
**

Créateur mon frère, tu t'es un jour posé la question : moi, homme doué, à quoi je sers ? Et dans un éclair débordant de lumière, tu as reçu la réponse : Créateur, tu es venu sur terre pour empêcher les hommes de mourir de lenteur. Car la lenteur issue de l'apaisement est aussi mortelle que la précipitation désordonnée. Créateur mon frère, tu es venu sur terre pour projeter une lumière sur la voie du milieu : celle qui fait progresser sans précipitation ni lenteur, avec un sentir du cœur qui fait apercevoir, au faîte du sentier qui monte, une lueur compacte issue directement de l'UN et qui commande l'acte.

*
**

Créateur mon frère, le moi n'est pas une illusion : il est au contraire un outil bien concret, un outil qui, s'il est bien employé, est apte à sculpter l'être tout entier.

*
**

Créateur mon frère, méfie-toi de ceux qui t'aiment et ne te donnent comme preuve d'amour que de perpétuels exutoires aux accents sincères. Créateur mon frère, sois plus attentif à ceux qui, une fois leur sincérité par les mots exprimée, te quittent afin d'immédiatement travailler. Créateur mon frère, exige qu'après chaque exutoire parlé vienne l'acte : l'acte qui lui seul peut construire une nouvelle marche sur le chemin rude qui mène à l'Aurore pleine, à l'Aurore UNE.

***

Créateur mon frère, si la condition éphémère t'impose les épreuves du chaud et du froid, fais en sorte, Créateur mon frère, de trancher ton dualisme par le brûlant. Et, fort de cette décision prise et bien prise, attise ton être, Créateur mon frère, jusqu'à ce qu'il devienne un brasier éclatant de lumière. Créateur mon frère, le feu n'a pas de dualité, puisque toujours il s'élève.

***

Créateur mon frère, si tu ne sais pas, apprends vite à pétrir la pâte pour faire du pain. Car, Créateur mon frère, la farine, l'eau, le sel et le levain dorés par les flammes issues du bois qui se consume sont symboles ; symboles de toi-même. Créateur mon frère, lorsque le pain tu auras créé, brise-le et avec délicatesse approche de ta bouche le morceau de pain, puis mange-le. Mais attention, Créateur mon frère, n'avale pas la chair de ta chair, mâche le pain jusqu'à sentir la poussière blonde de l'épi lourd et prends dans ta main droite la cruche de vin rouge, bois et sens ton cœur, Créateur mon frère, se réjouir par le sentir de l'accouplement de la poussière d'or du blé réduit au plus, avec le vin pourpre aux reflets de pavot.

***

Créateur mon frère, n'essaie pas de t'élancer du haut de la falaise en croyant pouvoir voler. Dieu ton père ne t'a pas fait oiseau, Il t'a fait homme, c'est-à-dire créateur de toi-même. Créateur mon frère, tu ne dois ni voler ni ramper, mais il te faut progresser sur le chemin qui monte et qui mène à la porte du gouffre : un gouffre qui t'engloutira pour voir si tu es capable, Créateur mon frère, de retrouver, dans les ténèbres, la lumière.

⁂

Créateur mon frère, n'oublie jamais que l'acte doit être un chant qui incite à danser et à rire. Tout est mouvement, Créateur mon frère, et seuls sur terre sont véritablement vivants ceux qui savent qu'il faut beaucoup travailler, sans s'agiter, pour s'intégrer à l'unité qui est immobilité.

⁂

Créateur mon frère, si un jour la vie s'adresse à toi et que tu ne sais pas lui répondre, laisse la parole au naïf, il parlera pour toi : mieux que de parler, il agira ! C'est-à-dire, il se lèvera de son siège d'écolier, prendra une craie, se dirigera vers le tableau noir et en tirant la langue, signe de son application extrême, il écrira d'une main ferme en guise de réponse : UN + UN = UN.

⁂

Créateur mon frère, fais en sorte que ton état d'éphémère devienne un lieu propice où pourra naître, s'épanouir, mourir et renaître la Rose aux multiples pétales. En fait, ce que je veux te dire, Créateur mon frère, c'est de faire de ta vie une terre fertile d'où pourront jaillir les plantes les plus utiles : utiles, Créateur mon frère, veut dire nécessaire et nécessaire se comprend bien lorsque l'on sait que l'utile, l'outil sert à sculpter dans la matière éphémère un chef-d'œuvre dédié à la lumière.

⁂

Créateur mon frère, ce qu'il y a d'unique dans ton savoir-faire, c'est qu'il débouche sur le fixe : le fixe, Créateur mon frère, qui a tout à voir avec la lumière.

# CHANT 16

Créateur mon frère, tu es un terrien à part entière, et c'est pour cela que tu sais, Créateur mon frère, que la terre ta mère ne vit que parce qu'elle est perméable à la lumière que diffusent toutes les sphères de l'Univers.

Créateur mon frère, pour que le nouveau-né vienne dans un berceau de lumière, respecte la terre ta mère ; parce que, Créateur mon frère, il n'y a pas d'incompatibilité, bien au contraire, entre la terre et la lumière. C'est grande sagesse, Créateur mon frère, de savoir que ce qui est en haut est semblable à ce qui est en bas.

⁂

Créateur mon frère, ne te laisse pas prendre au piège d'un bouquet de lavande enfermé dans une chambre blanche sans fenêtre et qui semble te dire par ses senteurs subtiles, viens. Créateur mon frère, va plutôt dans les champs, là où le soleil frappe au plus et dans les herbes odorantes couche-toi : tu sentiras alors, Créateur mon frère, se détacher de toutes les senteurs mêlées, le parfum frais de la lavande que la nature, pour saluer ta liberté volontaire, t'offre ; t'offre à toi, Créateur mon frère, qui as su mourir et renaître dans l'espace d'un éclair. Mourir - renaître tout près de la terre ta mère, pour te libérer de toutes tes chimères.

Créateur mon frère, tant que tu auras l'humilité de te courber vers la terre ta mère, pour boire à la source vive qui de son sein jaillit, tu seras, Créateur mon frère, digne de la vie.

⁂

Créateur mon frère, vivre debout, c'est savoir que bientôt la terre ta mère t'appellera et lorsque le jour viendra où il te faudra t'allonger dans le berceau sombre où tout couve, de ton corps en putréfaction jaillira, si tu as su, Créateur mon frère, vivre et mourir debout, jaillira un pavot pourpre riche des lueurs de la quintessence, la quintessence, Créateur mon frère, que ta charogne exprimera alors.

Créateur mon frère, tu es vivant et aimes les vivants, mais il faut aussi que tu saches que dans chaque vivant un mort se cache et que si ton amour va bien au-del du superficiel, tu seras capable, Créateur mon frère, d réchauffer le cadavre qui vit en chacun de nous.

Créateur mon frère, même si leur incompréhension tent de faire de toi un cadavre, n'accepte pas de te faire exécuter : défends de toutes tes forces ta vie de phénomène, afin que lorsque ta mort par Dieu décidée viendra, tu puisses restituer en pleine conscience ton être décomposé et vert. Créateur mon frère, n'accepte jamais qu'ils décident de ta vie ou de ta mort, mais tends de toutes tes forces à mourir consciemment aux ténèbres, afin de renaître à la lumière. Créateur mon frère, garde le plus longtemps possible ta vie, ta vie qui est ton bien le plus cher, parce qu'elle n'est pas ordinaire : elle est un pont que Dieu a choisi pour transmettre la lumière. Créateur mon frère, fais en sorte que la force de ton caractère soit en harmonie avec ton génie, afin que tu sois en mesure d'empêcher les saboteurs de pont de détruire ta vie, pour qu'à travers toi l'amour, la force, la sagesse et la beauté puissent passer, afin d'enseigner par le sentir vibré, le sens de l'unité.

⁂

Créateur mon frère, la terre est une étoile et avoir pour mère une étoile, Créateur mon frère, c'est être fils de Dieu puisque l'étoile est déesse.

⁂

Créateur mon frère, c'est parce que tu es le fils naïf de la terre, qu'en écoutant battre son cœur, tu entends les pulsions de tout l'Univers.

⁂

Créateur mon frère, sers-toi de la terre ta mère comme d'un tremplin dressé en plein Univers : un tremplin, Créateur mon frère, parce que tes deux pieds qui sentent sous eux un sol ferme, peuvent donner à ton être tout entier une telle impression de stabilité, que de cet équilibre-là, Créateur mon frère, tu dois faire une force consciente qui peut, si tu sais rester digne, te faire entrevoir toute la magie naturelle des immensités : immensités, Créateur mon frère, que seul peut appréhender ce qui en toi est riche et a soif de clarté.

⁂

Créateur mon frère, ce n'est pas parce que la plupart ont oublié ce que la terre, notre mère, porte en son sein de plus sincère, qu'il te faut emprunter le chemin des amertumes. Car, Créateur mon frère, cette voie-là est une impasse qui débouche sur un mur froid et dur. Créateur mon frère, emprunte plutôt, afin d'honorer le don que t'a fait Dieu ton père, le chemin rempli d'aspérités où chaque faux pas fait verser du sang. Emprunte ce chemin-là, Créateur mon frère, parce qu'au bout de ce calvaire, existe l'aurore aux accents pourpres que ton sang, Créateur mon frère, rendra, si tu as su dépasser l'amer, plus éclatante encore.

⁂

Créateur mon frère, tu es pétri de la même pâte que la terre ta mère et lorsque sur son ventre douloureux tu marches, fais-le sur la pointe des pieds, afin de ne pas la faire saigner. Créateur mon frère, respecte celle qui, pour toi, a tant souffert.

## CHANT 17

Clou mon frère fou, tu es un oiseau paradoxal et, bien que souvent ta maladie te rende banal, lorsque vient la magie des intervalles, tu voles sans jamais avoir appris.

Clou mon frère fou, je le sais bien, moi, que tes hurlements désordonnés cachent un calme que seuls les êtres torturés savent ensemble, lorsqu'ils se reconnaissent, goûter.

*
**

Clou mon frère fou, c'était un soir d'orage et, dans l'hôpital, tout était lueurs lugubres. Lorsque je suis arrivé, en rond tu tournais et je crois bien que tu bavais en tournant. Conscient de tes souffrances, je t'ai pris par la main et ensemble nous avons dansé une ronde d'enfants ; mais de l'orage et des éclairs naissait une telle atmosphère lourde et amère, que même les rondes enfantines, qui habituellement te calment et te régénèrent, n'avaient pas d'effet. Ton regard devenait de plus en plus sévère, brillant, fixe, inhumain. Brusquement, tu m'as saisi à la gorge pour m'étrangler et moi, comme hébété par ta souffrance, je ne cherchais pas à me défendre. Perçant l'orage et les éclairs, le miaulement d'une chatte qui allait mettre bas t'a fait relever la tête ; tu as alors desserré ton étreinte et, à quatre pattes, tu t'es dirigé vers la chatte qui venait d'accoucher : avec elle, tu léchais les nouveau-nés.

J'ai alors compris que ton instinct de vie n'était pas mort : malgré les apparences démoniaques de la démence, la vie, Clou mon frère fou, en toi dansait encore.

*
**

Clou mon frère fou, ils peuvent bien te donner des pilules, et te faire comprendre avec une certaine condescendance que malgré tout tu es bien ridicule. Clou mon frère fou, ils peuvent bien t'enfermer dans une pièce carrée, les bras paralysés par une espèce de camisole : camisole qui, même une fois ôtée, te désole ; ils peuvent bien te faire avaler toutes sortes de liquides bizarres et suspects, ils n'arriveront jamais à enlever de ton dernier cri la lumineuse intensité qu'expriment, avant de mourir, tous les êtres dont l'instinct transcende le paraître. Ils n'arriveront jamais, Clou mon frère fou, à tuer les vibrations vraies que je perçois, moi qui suis à l'extérieur, au plus profond de mon intérieur. Clou mon frère fou, c'est cette vibration du profond, perçue par nous qui, véritablement, nous fait malgré tout sentir le « grand espère », bien que nous soyons tous les deux des grands fous. Clou mon frère, tu habites une planète en comparaison de laquelle la terre est brûlante, inaccessible à la plante de tes pieds, c'est pour cela, Clou mon frère fou, que tu es obligé de marcher sur un fil, un fil semblable au fil d'une grande toile d'araignée. Clou mon frère fou, malgré ton état de déséquilibré, tu es capable de traverser de part en part cette planète constituée de fils dressés en pièges. Clou mon frère fou, nous avons en commun ce sens de l'équilibre dans le déséquilibre et ce sens fait de nous, Clou mon frère, des êtres profondément sensés. Clou mon frère fou, si lorsque tu exprimes de semblables vérités tu vois les autres, ceux de l'extérieur, ricaner, ne perds pas ton temps à discuter : élève le débat et réponds à leurs sourires narquois par un grand rire fou. Car, Clou mon frère, je te le dis, ce rire paradoxal les inquiétera, remettra en question ce qu'ils appellent normal, qu'ils le veuillent ou non. Clou mon frère, le grand rire du fou éveille, même chez ceux qui ont fait de leur vie un sommeil organisé, une espèce d'inquiétude qui leur fera se poser des questions sur leur état d'être, hideusement déguisé.

*
**

Clou mon frère fou, même s'ils prétendent que tu divagues, je sais bien, moi, que ton infirmité par eux accentuée, ne t'empêchera pas de compter jusqu'à dix les vagues et de sentir tout ce que ce compte a de magique. Clou mon frère, laisse-moi te dire : dix est un retour à l'Unité et, même si perpétuellement ils te bafouent, te trahissent et t'abîment, cette façon que tu as dans ton hébétude de compter jusqu'à dix, donne à mon cœur la certitude qu'il existe en toi quelque chose qui transcende ce qu'ils appellent « habitude maladive ». Clou mon frère fou, ensemble si tu le veux bien, comptons les vagues et lorsque nous serons arrivés à dix, nous verrons bien, Clou mon frère de démence, si c'est eux ou nous qui divaguons ; car dans une seule lame d'eau salée existe la mer tout entière et lorsqu'en soi on porte, ne serait-ce qu'une lame, même si elle est acérée, on ne peut plus divaguer : seuls divaguent ceux qui n'ont pas le sentir de l'unité, et ce n'est pas notre cas, Clou mon frère, parce que nous, nous savons compter avec la mer.

⁂

Clou mon frère fou, je le sais bien, moi, que tu souffres trop pour être ce qu'ils appellent un comédien. Clou mon frère, seul un être sincère, comme de toutes mes forces j'essaie de l'être, peut percevoir dans tes mimiques apparemment comiques le profond désespoir qui fait, lorsqu'il se saisit de l'être, hurler pour se reconnaître une identité : quelque chose de mieux qu'un paraître. Ton cri inhumain et strident, Clou mon frère fou, est un signe de vraie vie ; il est la preuve que toi, au moins, avant de mourir, tu cherches, malgré ta démence, une issue pour ne pas finir. Clou mon frère, pour moi ton cri a un nom : instinct.

⁂

Clou mon frère fou, je t'ai entendu un jour hurler comme le loup hurle ; ce jour-là, tous les habitants de l'univers concentrationnaire, prisonniers et geôliers, ont eu peur, moi aussi d'ailleurs. Mais j'ai eu la force de surmonter cette première frayeur et de t'approcher. J'ai bien cru l'espace d'un instant que ce surpassement de moi allait me coûter la vie, j'ai bien cru, Clou mon frère fou, que j'allais mourir sous la fureur de tes dents, lorsqu'une impulsion subite m'a fait, moi aussi, hurler comme le loup. Alors j'ai ressenti comme un grand apaisement, car ta langue tiède me léchait le visage. Clou mon frère fou, être le témoin actif d'une telle scène qu'ils appellent démence, m'a fait comprendre que dans la folie existe quelque chose d'immense.

***

Clou mon frère fou, à force de t'entendre crier que tu voulais voir la vérité nue et sans fard, ils t'ont enfermé. Depuis ce jour tu te terres dans un repaire sans air, mais cette profonde misère ne t'empêche pas, dans tes moments paradoxaux, de hurler et, Clou mon frère fou, dans tes hurlements bannis par tous, moi qui, à cause de mon talent, de ma ruse et de mon recul subsiste encore à l'extérieur, je te dis : il y a dans ton cri quelque chose de si vrai, que rien ni personne n'arrivera à ce que définitivement, et ce malgré les monstrueux murs en ciment, tu te taises.

Clou mon frère fou, même si je suis conscient de leur infirmité, j'aime entendre les grands fous crier, parce que bien au-delà de leur débilité, je sens que dans ce cri plein de sang vit malgré tout la vie.

***

Clou mon frère fou, je me souviens d'un jour où il m'a été donné d'observer ta chambre vide et dénudée ; sur le lit, une espèce de camisole en toile écrue semblait comme la mort, t'attendre. Clou mon frère fou, lorsque j'ai quitté ta chambre vide pour te chercher, je t'ai croisé dans un grand couloir noir : deux hommes solidement par les bras te tenaient, tu avais dans les yeux une force étrange que moi, Clou, moi ton frère, j'ai ressentie comme une intense lumière, de la fange totalement étrangère, et puis, Clou mon frère, dans ta chambre ils t'ont reconduit et enfermé ; alors j'ai fait demi-tour et de ta prison aux quatre murs blancs et vides je me suis approché, et je t'ai vu emprisonné par cette camisole blanche aux coutures fortes, indéchirable. Après t'avoir longtemps écouté hurler, je t'ai entendu pleurer et c'est drôle, Clou mon frère fou, les larmes qui de tes yeux tombaient, faisaient à chaque fois qu'elles passaient devant la lumière pâle des X, des étoiles. Clou mon frère, je sais que cela fait bien longtemps qu'ainsi emprisonné et torturé, tu pleures des larmes : des larmes, Clou mon frère fou, dans lesquelles, lorsque comme dans un petit miroir je me regarde, je vois un visage avec deux grands yeux qui semblent me dire : toi, tu ne peux pas finir, tu es parce que les dieux l'ont voulu, un mutant positif. Clou mon frère fou, parmi tous ceux qu'ils appellent irrécupérables, improductifs, chétifs, existent des êtres qui ne se contentent pas de faire leur l'impératif issu de la condition : subsiste !

***

Clou mon frère fou, de tout mon cœur je te sais gré, car de nos contacts où souvent nous entamions le chant lugubre de notre solitude, de ces contacts-là, Clou mon frère fou, j'ai tiré la grande leçon : j'ai découvert que la mer aux lames profondes en moi vibrait son rythme. J'ai appris de toi, Clou mon frère, à affronter la mer, j'ai appris à surmonter le bruit infernal, mais naturel, des lames qui hurlent au plus profond de l'âme qui vit.

## CHANT 18

Créateur mon frère, si de ton œil s'écoule une larme sincère, n'essuie pas ton visage : laisse le vent faire.

Créateur mon frère, ne te contente pas de réfléchir, laisse surtout ton cœur danser, chanter et rire.

*
**

Créateur mon frère, l'instinct vit en toi et cet être primordial a des accents aussi profonds que les plus profondes lames de la mer. Créateur mon frère, n'écoute jamais ceux qui raisonnent sur l'instinct, car l'instinct est le générateur de toutes les floraisons sauvages. Créateur mon frère, ne rougis jamais de ton instinct, si ce n'est pour t'embraser à la source pourpre de ton sang qui lui, lorsqu'il se manifeste dans ton état d'éphémère en torrent, te fait sentir que la rougeur sur ta face ne doit venir que lorsque tu t'approches de la lave du volcan qui éclaire ton caractère. Créateur mon frère, tous deux, toi et la montagne de feu, vous êtes les signes vivants et lumineux que la terre a choisis pour cracher sa lumière.

*
**

Créateur mon frère, tu le sais bien, toi, que les moments les plus difficiles à vivre, sont ceux où le moi hurle : à moi ! Mais, Créateur mon frère, le moi, ton moi, si tu es capable de mourir et de renaître sans cesse, peut être le guide de ton instinct : un guide capable de te faire traverser tous les vides sans trembler.

*
**

Créateur mon frère, si en toi tu écoutes chanter la vie, tu entendras sourdre de tes profondeurs un hymne si puissant que, malgré ta fragilité d'éphémère qui souffre et se désespère, tu te sentiras obligé de crier : vie, seule réalité !

⁂

Créateur mon frère, comme des fleurs tropicales aux senteurs surhumaines, il existe des êtres enfermés qui hurlent le surhumain. Créateur mon frère, pour honorer tous ceux qui s'expriment au plus, parce que dans la douleur, dignes ils ont su rester, je te dis : lève-toi aux aurores pleines, escalade la grille haute armée de pointes de fer et même si sur le métal froid, Créateur mon frère, tu laisses du sang, ne t'attarde pas à contempler ta blessure, mais cours, Créateur mon frère, cours vers les fleurs qui hurlent le surhumain et lorsque ton instinct te les aura fait découvrir, fais-en un bouquet. Une fois que tu auras arraché les plantes avec leurs racines, creuse un trou, Créateur mon frère, creuse jusqu'à temps que tu trouves une source et lorsque sur ton visage l'eau jaillira, profite de cette humidité propice issue de la source pour planter en pleine terre ton bouquet de fleurs. Une fois ton travail accompli, quitte tes plantations et laisse faire.

⁂

Créateur mon frère, lorsqu'en toi vient par vagues puissantes l'inspiration, fais en sorte de toujours entendre dans cette mer qui se déchaîne, le cri de l'oiseau qui, très haut dans le ciel, appelle la vie.

⁂

Créateur mon frère, les visions qui t'assaillent et te font peur jusqu'à te faire trembler, plutôt que de les chasser, ces images, essaie de les sentir et, si tu y parviens, tu t'apercevras alors, Créateur mon frère, que ces visions ont des senteurs de lavande, de thym, de romarin, de menthe et de fenouil. Créateur mon frère, ces visions sont offrandes que la vie te fait : la vie qui te donne par ce qui, à priori, pourrait te paraître images éphémères ; une esquisse de sa quintessence.

⁂

Créateur mon frère, l'instinct, partout dans la nature, commande : assume la pérennité de ton espèce. Créateur mon frère, tu es homme et en tant que tel, l'instinct en toi vit pleinement. Mais pour honorer le don que t'a fait Dieu ton père, ton génie, il te faut considérer ton espèce certes, mais aussi toutes les autres. Créateur mon frère, tu dois par principe respecter et aimer tout ce qui vit.

⁂

Créateur mon frère, je ne crois pas à l'ascétisme : on ne dissocie pas les forces de vie sans dommage, et être véritablement créateur, c'est assumer mieux que bien ses instincts. Créateur mon frère, ton état phénoménal, ne le dissocie jamais ; car si cela était, il pourrait bien se faire que ta narine devenue méprisante ne sente plus la rose qui se dresse face à l'aube : la rose qui exprime la quintessence de la nature par la puissance de son parfum qui n'a de fade que l'apparence.

⁂

Créateur mon frère, lorsque le vent souffle fort, fais en sorte que ton inspir et ton expir soient en harmonie avec le poumon gigantesque de la terre ta mère.

⁂

Créateur mon frère, respecte l'instinct qui avec force vit en toi : respecte-le, Créateur mon frère, et la meilleure façon de le faire c'est de ne jamais chercher à l'expliquer. Créateur mon frère, l'instinct est, bien au-delà de toutes explications conceptuelles, une force vive de vie qui, malgré toutes les barrières que veut lui dresser la raison, s'exprime. Créateur mon frère, l'instinct est le sang de Dieu ton père. Alors, Créateur mon frère, n'essaie jamais d'enfermer le sang divin dans des concepts sans vie. Créateur mon frère, il te faut faire de ta vie un perpétuel dépassement : dépassement qui, sans cesse, régénérera ton sang.

***

Créateur mon frère, lorsque le privilège t'est donné d'entendre à l'intérieur du ventre de la mère, battre le cœur de l'enfant, sois attentif et entends : entends ce que chaque battement issu du début te dit ; ils te disent, Créateur mon frère, ces battements, dans un langage premier, meurs s'il le faut, mais fais en sorte que celui qui va naître ait une vie digne.

***

Créateur mon frère, n'écoute pas les philosophes aux bonnes manières qui veulent à tout prix expliquer le cœur. Créateur mon frère, vois et sens plutôt ton organe central battre le rythme fort impulsé par l'instinct : l'instinct que même les plus inconscients des philosophes n'ont jamais osé enfermer dans un concept. Créateur mon frère, si ta race se perpétue, c'est « qu'instinct » tu n'auras jamais cherché à enfermer dans des stupidités philosophiques. Créateur mon frère, la vie se rit de tous les philosophes, parce que ce qui est grand, noble, vrai, se passe de commentaires.

⁂

Créateur mon frère, tu es un équilibriste qui, du haut de son fil, a senti de choisir une compagne, afin de l'élever sur le pont tout subtil. Mais, Créateur mon frère, lorsqu'à deux vous vous retrouvez sur le fragile, le fil, exige de ta compagne que ton cœur a choisie de ne jamais, sous des prétextes futiles, faire vaciller par trop le fil. Créateur mon frère, la compagne que tu as choisie se doit de danser sur le même rythme que toi ; car ce rythme-là, tu ne l'as ni pensé, ni inventé, c'est le vent avec son souffle puissant qui te l'a dicté. Créateur mon frère, tu as bien compris ce que mon cœur voulait exprimer : pour changer le deux en UN, il faut, sans se poser de questions, savoir danser en être désencombré sur le rythme impulsé par le vent qui souffle.

⁂

Créateur mon frère, lorsqu'une fatigue au goût de mort imprègne ton être, ne sois pas amer, invite la vie à converser avec ta fierté et si tu es, Créateur mon frère, un peu plus qu'un éphémère, tu te rendras compte que ce n'est pas toi qui as invité la vie, mais ta fierté : ta fierté jaillie de ton instinct fort qui, comme le loup dans le noir profond de la forêt dense, hurle pour inciter tout ce qui vibre et vit à assumer la pérennité de son espèce. Créateur mon frère, méfie-toi du langage des hommes qui dit que le loup est un loup pour l'homme. Créateur mon frère, toi qui es loup et homme, parce qu'en osmose avec tout ce qui est fort, tu le sais bien que le loup n'est jamais un loup pour le loup, un loup pour l'homme. Et puis, Créateur mon frère, j'ajoute : il faut te méfier encore plus de ceux qui disent que l'homme est un loup pour l'homme, parce que de telles comparaisons prouvent que ceux-là ne savent pas ce qu'ils disent.

⁂

Créateur mon frère, lorsque ton ancêtre dans la forêt première se ceignait la tête d'une couronne de fleurs sauvages, soutenue par une tresse de feuilles de chêne, ne va pas, Créateur mon frère, jusqu'à confondre cette couronne végétale avec l'aura de lumière. Mais sens vivre dans cette vision de tes ancêtres en fête, l'hymne chanté, dansé et ri des êtres premiers.

⁂

Créateur mon frère, lorsque tu hurles comme le loup, ne t'arrête que si ton cri a éveillé par sa force la horde des humains, tes frères. Et ce, Créateur mon frère, afin que, comme le loup qui hurle à la vie, ton cœur puisse être certain que le cri lancé pour la pérennité de l'espèce ne sera pas vain.

⁂

Créateur mon frère, n'oublie pas cette vérité : seule la tête peut être motivée. Quant au cœur, Créateur mon frère, pour qu'il puisse battre sainement, pleinement, il faut qu'il soit libre de toutes motivations. Créateur mon frère, le cœur est en harmonie avec l'instinct et l'instinct, qu'il soit de vie ou de mort, se passe de motivation. L'instinct, comme le cœur, Créateur mon frère, sont des « tendre vers » inexplicables : inexplicables, qu'il ne faut surtout pas confondre avec inexpliqués.

⁂

Créateur mon frère, si tu crains de prendre pour subjective l'intuition de l'unité, regarde la mère singe lorsqu'elle donne sa vie pour son petit et entends dans son dernier cri d'agonie, les vibrations qui sont un hymne à la pérennité de l'espèce... à l'Unité.

⁂

Créateur mon frère, si un jour tu sens du plus profond de ton être venir la grande fatigue, pense au loup lorsqu'il est pourchassé et qu'il court à perdre haleine sur la neige blanche immaculée pour échapper aux fusils, ô combien précis, qui veulent le tuer : pense aux derniers instants du fauve qui, de toute la force de sa nature sauvage, prend le temps, avant de mourir, de se retourner et de fixer celui qui a tiré.

⁂

Créateur mon frère, instinct et génie ont en commun ce point précis : ni l'un ni l'autre ne se laisse enfermer dans des concepts.

⁂

Créateur mon frère, je vais te parler de l'âne. L'âne, l'infâme, la bête... l'âme, fait son entrée dans le cirque : sur la piste jaune où toutes les confusions s'imbriquent, la bête bafouée par les ricanements d'une foule médiocrement assemblée, refuse de faire son numéro. C'est en le frappant jusqu'au sang que le dompteur chasse l'infâme loin des projecteurs menteurs.

Lorsque la bête traquée quitte la lumière théorique, ses pas, d'être torturé et blessé, le font se diriger, en titubant, vers la sortie du cirque.

C'est là, Créateur mon frère, que je l'ai rencontré et que tous deux, mon bras passé autour de son encolure forte, vers un lampadaire qui timidement éclaire, nous nous sommes dirigés. Alors j'ai vu l'âne, être fier, pleurer : l'eau de source qui coulait de ses yeux a lavé l'étoile qu'il porte sur son poitrail.

Créateur mon frère, l'âne et toi vous êtes, par la croix qu'il porte sur son pelage, la croix de lumière, vous êtes tous deux frères parce qu'indomptés.

*
**

Créateur mon frère, je ne crois pas à la théorie de l'évolutionnisme ; je ne crois pas, Créateur mon frère, que tu aies rampé avant de marcher. Mais ce que mon cœur sent, Créateur mon frère, c'est qu'il est plus difficile de marcher que de ramper, voire même que de voler.

Créateur mon frère, marcher implique d'avoir la tête droite pour l'équilibre et il faut que tu t'arranges pour que la lumière que tu reçois en pleine face ne te frappe pas d'insolation, insolation, Créateur mon frère, qui provoquerait en toi un déséquilibre qui te ferait ramper tout près de la terre.

Créateur mon frère, je ne crois pas à l'évolutionnisme, toi non plus, mon cœur le sent, parce que tu sais, puisque tu es conscient du don que t'a fait Dieu ton père, ton génie, tu sais que naître debout est un début qui incite à assumer durant sa vie la montée d'une marche fragile : une marche qui, si en toi rigueur est, te fera emprunter l'escalier qui oblige, sous peine de mort, à progresser toujours en osmose avec le verbe qui vibre et chante le plus noble des mots, instinct. Instinct, Créateur mon frère, est un mot vrai, si profondément vrai qu'il a beaucoup à voir avec la lumière, avec l'espoir.

Créateur mon frère, INSTINCT te chante : sois digne, assure ta marche, comprends-la, sens-la, afin que la noblesse de tes pas laisse sur la terre une empreinte, un signe déchiffrable pour tous ceux qui veulent assumer dans l'Amour, la Force, la Sagesse et la Beauté, la pérennité de leur espèce.

*
**

Créateur mon frère, que ce soit le parfum chaud qui de la ruche s'exprime en volutes d'or.

Que ce soit la source fraîche qui coule sur la peau de pêche de l'enfant qui naît, pour saluer ce début d'un baptême adogmatique.

Que ce soit la violette qui exprime la quintessence de son humble parfum avec une humilité qui touche au sublime.

Que ce soit le coquelicot qui, malgré le vent fort qui l'écartèle, garde dans les parcelles de ses pétales déchiquetés, le rouge intense que même les pluies les plus fertiles ne parviennent pas à atténuer.

Que ce soit le perce-neige qui soulève la couche froide d'hiver à l'aide de sa propre chaleur, afin de s'unir à la lumière extérieure.

Que ce soit l'immense linceul brun de la terre labourée et par le givre recouverte, cette terre qui toujours, si l'attente de l'homme se fait sans impatience, sait tenir avec les saisons les promesses impulsées par les solaires rayons.

Que ce soit la lavande qui, à force de mourir pour exprimer sa quintessence, prend les apparences pauvres du bleu délavé et passé.

Que ce soit la terre tout entière avec ses mille reflets phénoménaux de couleurs et de lumière, tout, Créateur mon frère, est symbole, symbole qui t'invite à boire dans la coupe vermeille le liquide pourpre et magique qui de tes yeux, Créateur mon frère, définitivement, enlèvera le voile.

Alors, Créateur mon frère, d'un regard clair, dans le ciel en lettres de lumière, tu pourras lire : Vie, seule réalité jamais percée, mais pleinement entrevue par tous ceux qui sont capables de véritablement l'aimer.

***

Créateur mon frère, le génie comme la lumière ne s'expliquent pas : ils se vivent dans une humilité fière et sincère.

## CHANT 19

La femme comme la nature sous le vent est harmonie des courbes, et de ces courbes-là, homme dégénéré, tu as fait un cercle vicieux. A toi, homme qui as su garder un regard fier et un cœur riche, à toi, Créateur mon frère, je dis : mets tout en œuvre pour redonner à la femme l'amour vrai, fais de cette harmonie des courbes qui compose la femme, un cercle lumineux.

Créateur mon frère, n'oublie pas que si la femme ouvre les jambes pour accomplir l'acte sexuel, elle fait le même geste lorsqu'elle donne naissance à son véritable début : son enfant.

Alors, Créateur mon frère, imprégné par toute la grandeur et la beauté de ces gestes de mère, va dans la forêt dense, coupe une branche d'arbre afin d'en faire une arme redoutable et puis chasse, Créateur mon frère, chasse tous les marchands qui ont fait du sexe une ignominie en le vendant.

***

Créateur mon frère, tu le sais bien, toi, que nous sommes des fauves qui rugissons à la lumière. Créateur mon frère, tu le sens bien, toi, que nous sommes aussi des roses ouvertes à la lumière : alors, Créateur mon frère, lorsque ta sœur, ton espoir de réalisation d'androgyne ploie sous tes rugissements de fauve, n'oublie pas, Créateur mon frère, qu'en toi vit une rose pleine de lumière qui sans cesse s'ouvre pour appeler ta sœur, ton élue, afin que jaillisse de votre ultime spasme d'amour, l'androgyne aux yeux fiers.

***

Créateur mon frère, à tous ceux qui, à force de trop raisonner, te disent que ta création n'est que compensation par rapport à tes pulsions sexuelles, réponds à ces rusés bien souvent inconscients, puisqu'ils se prennent pour des savants ! Réponds-leur que les étoiles naissent, vivent et meurent et demande leur s'ils sont capables de mesurer le sexe et les pulsions sexuelles des étoiles qui sans cesse se perpétuent et se renouvellent.

***

Créateur mon frère, sexualité s'unit avec beauté et non avec saleté. Et pourtant, Créateur mon frère, à force de tout vendre ils ont fait de l'acte qui génère une triste vente aux enchères. Créateur mon frère, pour respecter le don de Dieu ton père, fais de ta vie une œuvre suffisamment forte, afin de faire sentir à tous ceux qui ne veulent pas définitivement mourir que la vie, lorsqu'elle est véritablement perçue, ne se vend plus : elle se chante, se danse et se rit.

⁂

Créateur mon frère, n'oublie jamais que sans la femme ta compagne, tu n'aurais jamais été capable d'avoir devant les yeux un être de chair et de sang qui, lorsqu'il te caresse, amène ton sang à un degré tel que toute ta personnalité voit, sent et aime l'androgyne. L'androgyne, Créateur mon frère, qui, avec toute l'humilité qui sied aux porteurs d'amour, te chante avec ses lèvres sensuelles un hymne dédié à l'Unité.

⁂

Créateur mon frère, de l'acte sexuel naît tout ce qui vit sur terre. Alors, Créateur mon frère, ne sois pas complaisant avec tous ceux qui veulent faire de cet acte une pornographie amère. Créateur mon frère, vois plutôt dans l'acte qui génère, le signe d'un caractère puissant issu de Dieu ton père. Et même, Créateur mon frère, si la condition de ton état d'éphémère a laissé en toi quelques séquelles pornographiques et amères, sache que le plus petit disparaît dans le plus grand et qu'être un père qui véritablement génère transcende toutes les insanités issues de cette condition ordurière.

Créateur mon frère, tout ce qui vit sur la terre est né d'un acte sexuel accompli par deux contraires : deux contraires, Créateur mon frère qui, s'ils savent dépasser leur état d'éphémère conditionné, peuvent faire une unité ; une unité, totalement étrangère aux insanités issues de la condition aux mauvaises manières.

*
**

Créateur mon frère, lorsque avec ta compagne, ta sœur dans la lumière, tu t'accouples et que ses jambes s'ouvrent au plus pour t'aimer, Créateur mon frère, revis dans le sexe gluant ta propre naissance. Et si, Créateur mon frère, ta compagne et toi vous êtes véritablement sœur et frère dans la lumière, l'acte que vous accomplirez, impulsé par l'instinct, fera que vos deux êtres entièrement libérés retrouveront dans la force et dans l'amour : l'unité.

## CHANT 20

Créateur mon frère, je t'aime aussi fort que j'aime le nouveau-né : parce que, comme toi, il annonce l'Aurore.

Créateur mon frère, ne refuse jamais l'invitation à danser du fou au regard de lumière. Parce que, Créateur mon frère, si véritablement tu sais danser, tu formeras avec l'illuminé un couple si bien serré, que vous deviendrez tous deux par la magie de la danse : Unité.

⁂

Créateur mon frère, prends le temps de te détacher, ne serait-ce qu'un instant, de ceux qui par l'amour t'enchaînent, afin de les mieux aimer.

Créateur mon frère, pour être digne du don que t'a fait Dieu ton père, il te faut, durant ta vie d'éphémère, tout donner à ceux qui t'aiment, afin qu'ils n'aient pas, lorsque tu seras mort, d'amers remords.

Créateur mon frère, évite à ceux qui, durant ta vie, t'on aimé de toute leur fragilité, évite-leur, Créateur mon frère, qu'après ta mort ils ne sombrent dans des chimères métaphysiques qui les feraient t'appeler, tandis que toi, Créateur mon frère, perdu parmi les sphères en pleine lumière, tu ne saurais que faire pour répondre à leurs prières.

Créateur mon frère, pendant que tu es sur la terre, ta mère : chante, chante l'amour et ce jusqu'au jour où ton être épuisé ira dans l'ensemble se réintégrer.

⁂

Créateur mon frère, tu ne seras digne de ce nom que si avec humilité et amour tu sais te pencher vers la petite fille qui, au printemps, s'est fait une couronne de fleurs des champs. Créateur mon frère, méfie-toi ! Avant d'inventer quoi que ce soit, regarde plutôt ce qui dans l'innocence transmet la vie. Créateur mon frère, fais mieux que réfléchir : aime.

***

Créateur mon frère, méfie-toi des bavards, plutôt que de les écouter, penche-toi sur le muet qui, malgré son infirmité, essaie d'esquisser la lettre A avec grande difficulté. Puis, Créateur mon frère, une fois la lettre par le muet murmurée, ne coupe pas son silence, attends... et si ton attente est sans impatience, il se pourrait bien alors que l'infirme du verbe associe, toujours avec une extrême difficulté, les quatre lettres suivantes du mot Amour.

***

Créateur mon frère, si dans la rue crépusculaire tu rencontres une espèce d'éphémère aux gestes désordonnés, qui semble à jamais avoir perdu la lumière : Créateur mon frère, les bras grands ouverts, dirige-toi vers lui, avance suffisamment près pour le serrer et puis, Créateur mon frère, observe bien son œil triste d'éphémère, afin de voir si dans cet œil noir de fou ne danse pas, malgré tout, la lumière.

Et si tu as la chance, Créateur mon frère, de découvrir dans celui qui est en train de souffrir l'ultime point lumineux, vous pourrez alors tous les deux monter une autre rue : la rue qui débouche sur les Aurores pleines.

***

Créateur mon frère, à force de tout donner, il ne te restera plus rien : mais c'est justement ce rien qui est Tout.

***

Créateur mon frère, un humain, c'est long à comprendre, mais cela vaut la peine d'attendre ; car une fois la compréhension venue, le « nous » se change en « UN ».

⁂

Chaque homme a ses limites, Dieu n'en a pas. Créateur mon frère, fais en sorte que ton amour pour Dieu, par toi souffert, repousse tes limites au plus.

⁂

Créateur mon frère, lorsque ta bouche se crispe, lorsque tes mains, dans un ultime élan se tendent, lorsque ton cœur en pulsions terribles cogne contre ta cage thoracique : Créateur mon frère, vois là les signes qui président à l'accouchement. Créateur mon frère, parce que Dieu ton père t'a fait don du génie, attends-toi à être une mère terrifiée, car Créateur mon frère, ce nouveau-né qui de ton sein va jaillir est un monstre, un monstre au cœur hypertrophié. Mais, Créateur mon frère, ce monstre-là a aussi des yeux et si ton cœur sait regarder les yeux du bébé paradoxal, tu pourras voir luire dans ses prunelles l'X de la lumière. Créateur mon frère, ne sois pas terrifié par ce que tu as engendré, car ce que tu as engendré, Créateur mon frère, par la voie du simple, conduit à l'Unité.

⁂

Créateur mon frère, même si tu ne te sens pas doué pour l'apologie, du plus profond de mon cœur je te dis : aime, aime le privilégié torturé qui, par la grâce de la poétique, a été touché. Aime-le, Créateur mon frère, aime-le jusqu'à le justifier.

⁂

Créateur mon frère, ta présence dans le silence est insupportable pour ceux qui écoutent l'hymne muet que tu chantes : que tu chantes, Créateur mon frère, pour honorer les entités qui peuplent le silence et qui, comme toi, ont un sentir vibrant de la quintessence.

Créateur mon frère, lorsque tu es muet, tu es redoutable, parce que de ton silence naît le stable insupportable pour la plupart des êtres instables qui ne peuvent percevoir sans faiblir la vie qui s'exprime d'un être, de toi, Créateur mon frère. Toi qui malgré la tempête qui sans cesse assaille ton état d'éphémère doué, donnes le sens de l'équilibre.

Créateur mon frère, tu es solaire, et c'est pour cela qu'émanent de toi les rayons obliques qui, à force de zigzaguer, deviennent marches, escalier : escalier que ton cœur riche t'ordonne de ne pas monter seul.

⁂

Créateur mon frère, si tu demandes à celui qui est en face de toi de se hausser sur la pointe des pieds sans quitter la terre et qu'il te dit que lui n'a pas de génie, réponds : lorsque le cœur s'exprime véritablement, il transcende par ce qu'il dit, tout ce que les humains appellent « génie ».

Créateur mon frère, seul le cœur quand il parle peut, même s'il appartient à un être qu'on a coutume d'appeler indigne, il peut, te dis-je, Créateur mon frère, ce cœur, par son cri sincère, anéantir tous les concepts de hiérarchie.

⁂

Créateur mon frère, si tu sens que toi et moi ne devons faire qu'UN, ne parle pas, n'explique pas : aime.

⁂

Créateur mon frère, lorsqu'un philosophe prononce devant toi des phrases comme : « Tout peut se mesurer, sauf l'Amour », en réponse à ces mots, ne fais surtout pas de longs discours, coupe court en répondant : Amour égal UN.

*
* *

Créateur mon frère, ne te laisse pas aller à de chimériques calculs dans le but de compter et de qualifier les phénomènes. Reste simple, Créateur mon frère, et si c'est ton cœur qui écoute ce que je te dis, il pourrait bien alors se faire que ton état d'éphémère sente profondément le rapport intime qui lie Amour et Unité.

*
* *

Créateur mon frère, ton sentir profond souvent te fait dire : j'ai peur de ne pas donner assez avant de mourir. Créateur mon frère, tu as raison de te poser de telles questions, car, pour Amour, Sagesse, Force, Beauté, on ne donne jamais assez.

*
* *

Créateur mon frère, lorsque ton cœur saisit dans le regard de l'autre, ton frère, la souffrance et la peur, fais un pas du côté droit, afin que ton cœur, Créateur mon frère, réchauffe et régénère le cœur de celui qui souffre et qui pleure.

*
* *

Créateur mon frère, le poignard que tu t'enfonces dans le cœur progressivement jour après jour, doit également s'enfoncer dans le cœur de celui que tu aimes et qui t'aime. Créateur mon frère, on aime véritablement en non velléitaire que, lorsqu'en pleine lumière, se fait l'échange des sangs.

***

Créateur mon frère, lorsque tu écris à ceux que tu aimes, termine toujours par ces mots : « veux-tu agréer, mon frère, l'expression de mes sentiments les plus profondément cachés ».

Et si celui qui reçoit la lettre est digne, Créateur mon frère, il prendra immédiatement après l'avoir lue, une feuille blanche sur laquelle, à l'aide d'une plume naturelle, il tracera avec son sang un X rouge en plein centre de la page immaculée. Et lorsque tu recevras cette réponse, Créateur mon frère, tu sauras que par l'X rouge, l'homme ton frère a saigné, ou signé, ce qui, vu la profondeur du message, est parfaitement identique.

***

Créateur mon frère, si ton cœur sent de faire l'apologie du naïf et que ta tête te dit : celui-là n'est peut-être pas aussi naïf que tu crois ! Laisse tout de même, Créateur mon frère, la dernière parole à ton cœur ; car lui sait que dans tout humain existe ombre et lumière et, contrairement à la tête, Créateur mon frère qui prend parti, le cœur lui, Créateur mon frère, est capable de se rendre compte s'il existe chez l'autre plus de lumière que d'ombre.

***

Créateur mon frère, ne cherche pas à vivre dans le désert, car si tu avais cette faiblesse, il se pourrait bien alors que tes hallucinations t'abusent. Créateur mon frère, les hallucinations ne doivent jamais t'abuser, parce que sans l'amour des êtres de sang et de chair qui autour de toi vivent, tu n'es rien. Créateur mon frère, n'oublie jamais que Dieu ton père t'a montré l'exemple, Il a fui le désert de son Unité puisque pour que naissent les phénomènes, Il s'est morcelé.

***

Créateur mon frère, tu n'es qu'un passager sur terre. Mais si tu sais, durant ce court instant, avec Amour, Sagesse, Force et Beauté, te pencher sur celui qui souffre : si véritablement, Créateur mon frère, tu es capable de faire cela, il se pourrait bien alors que ton passage sur terre ne soit pas vain.

*
**

Créateur mon frère, une seule larme jaillie d'un cœur profond et sincère suffit pour désaltérer ton cœur immense de créateur.

*
**

Créateur mon frère, pour que ton passage sur terre ne soit pas un triste cheminement velléitaire, il te faut posséder des oreilles capables d'écouter le chant de ton cœur.

*
**

Créateur mon frère, un nom parfaitement épelé est parfaitement vibré. C'est pourquoi, Créateur mon frère, lorsque je t'appelle, j'épèle Amour et toi tu me réponds toujours.

*
**

Créateur mon frère, tu te dois d'être un mathématicien sévère et savoir par des calculs réussis, prouver que l'Amour est Unité. Créateur mon frère, la mathématique est une science issue de l'essence, alors je te le dis : malheur à ceux qui, à force de vouloir, à l'aide de la tête, faire trop de calculs compliqués, ne tiennent plus compte de la simple Unité. L'Unité, Créateur mon frère, qui éclaire tout ce que l'homme peut faire sur terre, à condition que l'humain ne manipule pas les symboles divins en être inconscient et vain.

*
**

Créateur mon frère, si de ton vivant l'équité t'est rendue : aime de toutes les forces de ton cœur riche et noble, ceux qui n'ont pas attendu que tu sois mort pour te sentir vivant.

*
**

Créateur mon frère, le génie c'est le don que Dieu le père fait aux simples : Créateur mon frère, mon cœur le sent, tu es un naïf débordant de lumière.

*
**

Créateur mon frère, n'oublie jamais de laisser le passage à la compagne que ton cœur a élue, parce qu'elle est, cette élue, Créateur mon frère, à la fois ta femme, ton amante, ta sœur et ta mère. Créateur mon frère, seule celle que ton cœur a choisie peut te faire sentir ce qu'est ton véritable début. Alors, Créateur mon frère, à cette Dame des Aurores rends hommage : considère celle qui en toi a fait danser plus le sage que le fou.

*
**

Créateur mon frère, lorsque nous sommes ensemble, le silence engendré par nos cœurs qui battent à l'unisson, fait que nous sommes, Créateur mon frère, deux qui ne font qu'UN.

*
**

Créateur mon frère, je n'ai plus rien à te dire, mais ce qu'il me reste à faire, c'est de te rire au cœur.

# CHANT 21

Clou mon frère fou, ils t'ont enfermé parce que partout et à tout le monde tu criais : je vous aime. Et comme ta voix était extraordinairement forte et que tu cherchais une réponse équivalente, une réponse forte ! Ils t'ont enfermé, Clou mon frère fou, ils t'ont enfermé parce que tu es atteint de ce qu'ils appellent démence, faute d'être capables de trouver une équivalence à ton cri poussé sans défaillance.

Clou mon frère fou, ils t'ont condamné à l'exil, ils t'ont condamné à mourir parmi ceux qu'ils appellent débiles, parce que toi, Clou mon frère fou, lorsque tu parles d'amour, tu te donnes tout et eux reçoivent l'énorme chose comme un élan suspect. Clou mon frère fou, si aujourd'hui tu agonises lentement dans l'asile où hurlent ceux qu'ils appellent débiles, c'est parce que tu portes la croix du décalage entre la question formulée : je vous aime, et vous ? Et la réponse, toujours la même, issue d'une condition blême : mais oui, bien sûr, on t'aime.

⁂

Clou, c'était un soir de visites, je t'ai rencontré dans le parc noir : les bras en avant, tu faisais le somnambule ; pour ne pas te réveiller brusquement, je m'approchai de toi en retenant mon souffle et lorsque j'ai été tout près, ma main, sans que je le fasse exprès, a effleuré ta bouche. Alors, dans un violent sursaut, tu t'es éveillé, tu as ouvert les yeux : ils étaient terribles. Sur le moment, j'ai cru que tu allais me frapper, bien au contraire, tes bras de figés sont devenus mobiles et au lieu de m'attaquer, tu m'as enlacé et couvert de baisers.

⁂

Clou mon frère fou, avant de faire mal à ceux qui t'aiment parce que sur le moment ils t'ont blessé, vois s'ils ont le visage blême comme toi lorsqu'ils te parlent d'amour. Et si c'est le cas, aime-les. Aime-les, ceux-là qui aiment, malgré tous tes horribles tracas. Aime-les, Clou mon frère de démence, parce qu'ils ont besoin comme toi, ces faces blêmes, de beaucoup d'amour, afin de ne pas mourir pour toujours.

⁂

Clou mon frère fou, on n'a pas le droit tous les deux de faire de notre folie quelque chose d'amer ; il nous faut, malgré toutes les chimères qui déchirent, hantent et lacèrent notre chair, il nous faut, Clou mon frère, malgré l'immonde torture, garder suffisamment en nous de lumière, pour être capables d'inciter nos états d'éphémères torturés et diminués, à danser. Danser, te dis-je, Clou mon frère, danser jusqu'à ce que, à force d'avoir ensemble tourné, tourné et tourné encore dans la petite pièce vide et blanche où jamais ne pénètre l'Aurore, nous soyons capables malgré tous les atroces heurts d'accomplir le prodige d'unir par l'amour nos corps de martyrs, afin d'en faire une esquisse d'Aurore pleine. Clou mon frère fou, si de nos souffrances réunies nous savons faire par l'amour, quelque chose d'un peu mieux qu'un ressentiment terre à terre, nous pourrons tous deux contempler un jour, dans un coin de la petite chambre atrocement sévère, un point de lumière, un signe de l'univers.

***

Clou mon frère fou, je me souviens d'un jour de printemps où nous nous promenions dans un jardin entouré de murs hauts et sombres et comme tu étais en parfaite harmonie avec la nature débutante, à chacune de mes réflexions hésitantes, durement tu me fixais. Pour ne pas continuer à briser cette merveilleuse harmonie simple et naturelle, je me suis tu. Au bout de quelque temps de silence, je t'ai vu, maître de tous tes sens, te pencher sur ma fragilité : tu avais, Clou mon frère fou, dans le regard, une énorme bonté, une grande compréhension pour mon manque de perception.

***

Clou mon frère fou, ton état de dément t'oblige à te rendre chaque jour au tribunal infernal. Clou, puisque tu es mon frère, j'assiste tous les jours à ce tribunal amer et malgré tout ce qu'ils peuvent te dire, malgré leur verdict : être dangereux et blême à enfermer, à soigner, à intoxiquer, à agoniser ! Malgré tout ce qu'ils peuvent te dire, je te crie : mon cœur te crie que même si tu meurs aujourd'hui sous ces accusations sans cesse répétées, tu renaîtras demain parce que tout ce qu'ils ont à te reprocher, c'est de trop aimer. L'amour, Clou mon frère, est une toute-belle qui fait peur à ceux de l'extérieur, c'est pour cela qu'ils t'ont poussé à l'intérieur de l'univers concentrationnaire. Et ce sont les mêmes, Clou mon frère blême, qui t'ont contraint à enfiler la chemise blanche aux coutures fortes, qui fait de toi un manchot aux extrémités mortes : pourquoi ont-ils fait cela ? Parce que, Clou mon frère, tu as tout fait lorsque tu vivais à l'extérieur pour préserver les pulsions fortes et sincères qui faisaient de toi un être bizarre, parce que pourvu d'un cœur hypertrophié.

Clou mon frère fou, je sais que le procès qu'ils te font à chaque instant aura un jour raison de toi : aussi je te dis, lorsque le jour de ta mort viendra, je serai près de toi et avant que ta bouche exprime le dernier souffle, j'ouvrirai grand mes bras pour les refermer ensuite, afin de te serrer fort contre moi. Et si ma passion est sincère, Clou mon frère, peut-être qu'alors s'effaceront à jamais les stigmates rouges que la chemise aux coutures fortes a gravés sur tes bras blancs. Et puis, Clou mon frère fou, lorsque la terre t'aura repris, sur ta tombe j'écrirai : Ci-gît un homme, mort fou parce qu'il a trop aimé.

Passant, si par hasard tu t'arrêtes sur cette tombe, souviens-toi que dans cette société, aimer c'est se condamner à pourrir oublié par tous, dans une tombe perdue quelque part sur la terre.

Passant, s'il te reste encore suffisamment de perception quant au simple, te viendra à l'esprit, lorsque tu quitteras cette tombe égarée, l'idée que des tombes les plus simples, les plus modestes, peuvent naître des roses qui veulent dire quelque chose.

*
**

Clou mon frère fou, c'était un soir où, dans la petite pièce sans fenêtre, tu hurlais parce que tu sentais les murs vers toi progresser pour t'écraser. Dans cette petite pièce sans fenêtre, Clou mon frère, je suis entré et, les bras grands ouverts, vers toi je me suis dirigé : j'ai vu alors soudainement tes yeux se tranquilliser, tes cris subitement ont cessé. Et lorsque contre moi tu t'es blotti, j'ai compris que les murs ne se resserrent que sur les êtres que l'on laisse irrémédiablement et pour toujours, seuls.

***

Clou mon frère de démence, mon cœur se souvient : c'était jour de fête dans l'univers concentrationnaire et pour s'amuser, les fantômes à blouses blanches t'ont fait danser. Pris au piège de leurs encouragements débiles, tu as vite atteint un rythme infernal qui te faisait tourner comme un derviche illuminé. Juste au moment où les rires des fantômes à blouses blanches atteignaient leur paroxysme, c'est-à-dire le pire, tu es tombé, Clou mon frère fou, et les membres bras et jambes tu t'es brisés. Mû par le remords de ma non-intervention, je me suis brusquement levé et vers toi dirigé. Avec le soin extrême de la mère qui soulève son nouveau-né, je t'ai pris dans mes bras et à chaque hurlement de souffrance que te faisaient pousser tes membres brisés, une larme de mon œil coulait. Après bien des souffrances par toi endurées, Clou mon frère de démence, j'ai réussi à élever ta tête au niveau de la mienne, puis je t'ai serré de toutes mes forces contre moi et je ne sais par quel miracle, par quelle magie, de ton être martyrisé, torturé, aucune plainte ne s'est exhalée. Clou mon frère fou, tu m'as appris ce jour-là l'essentiel, tu m'as fait comprendre, Clou mon frère fou, que l'amour véritable transcende toutes les souffrances qui habitent et rongent tous les êtres qui, à force de vouloir paraître, ont oublié la sublime thérapie naturelle qu'est l'amour. Et si quelqu'un, Clou mon frère fou, me répondait : j'aime et cela ne m'empêche pas de cruellement souffrir, je lui dirais : aime encore plus, aime toujours plus et vois après.

*
**

Clou mon frère fou, à force de crier l'amour sans obtenir de réponse véritable, tes cordes vocales se sont brisées : tu es devenu muet et ils t'ont enfermé. Cela les arrange, parce que maintenant, lorsque tu as des crises de démence, lorsque tu hurles l'étrange, tu le fais en muet. Ce qui fait, Clou mon frère fou, que tes hurlements d'amour aphones ne les empêchent pas de dormir, eux les fantômes.

*
**

Clou mon frère fou, je t'ai vu un jour où ils t'avaient passé la chemise aux coutures fortes, commettre l'impossible, je t'ai vu ce jour-là, dans un ultime effort, déchirer la camisole et ouvrir tes bras. Clou mon frère fou, c'est à ce moment précis que j'ai compris ce qu'était le grand élan, la pulsion énorme qui pousse les êtres hors norme à danser malgré tout. Clou mon frère fou, tu m'as fait voir ce jour-là ce qu'est la force. Une fois libéré des manches qui emprisonnent, tu as brisé une vitre, avec le dernier morceau resté accroché à la fenêtre, tu as, en faisant des signes désespérés vers l'extérieur, tranché la veine de ton poignet ; pas suffisamment cependant pour que tout le sang qui t'anime ne s'écoule jusqu'à la dernière goutte. Clou mon frère fou, tu m'as fait comprendre ce jour-là ce qu'est la sagesse. Une fois la chair de ton poignet entamée, malgré le sang qui giclait de la blessure superficielle, tu t'es dirigé vers moi et, avec un morceau de vitre resté comme malgré toi accroché à tes mains, d'un geste brusque et imprévisible tu as entamé la chair de mon poignet. Puis, avec violence, tu as saisi ma main et moi, malgré la peur, je n'ai pas reculé, alors, Clou mon frère fou, nos sangs se sont mêlés et j'ai compris en cet instant, par ton intermédiaire, ce qu'est l'amour. Clou mon frère fou, voyant ton avant-bras couvert de sang, tu m'as quitté pour aller te laver et, non content de purifier l'avant-bras, tu as frotté ton corps tout entier. Une fois purifié, dans le jardin où le soleil criait très fort parce qu'il était midi, tu es allé cueillir des brins de lavande et tu en as imprégné ton corps. Ensuite, Clou mon frère fou, tu es revenu vers moi et dans tes bras tu m'as serré : sans restriction aucune tu m'as embrassé. Tu m'as fait comprendre ce jour-là, Clou mon frère fou, ce qu'est la beauté.

⁂

Clou mon frère de démence, viens près de moi, viens ! Ensemble nous allons danser. Oh, je sais bien qu'en tournant tous les deux on va pleurer, mais, Clou mon frère fou, viens tout de même danser, car je te le dis, dans tes larmes qui avec la lumière jouent, je saurai découvrir avant que ne se termine notre danse, quelque chose d'intense.

## CHANT 22

Créateur mon frère, tu es un éternel présent et c'est pour cela que malgré toutes les souffrances de ton corps d'éphémère, qui font que parfois tu te désespères, tu es un signe sur terre qui transcende et l'espace et le temps.

Créateur mon frère, le concept temps est pour toi un paramètre quant à ce que tu es capable de faire de ton génie, durant ta vie d'éphémère.

⁂

Créateur mon frère, ne t'attarde pas à raisonner sur l'espace et le temps : car tu es avant tout un être qui vibre et cette sensation-là, Créateur mon frère, cette sensation qui fait vibrer l'éphémère t'incite, t'oblige à danser, chanter et rire, plus qu'à réfléchir. Créateur mon frère, ta dimension à toi c'est tout l'Univers, mais que l'hommage que je viens de te rendre ne t'empêche surtout pas, Créateur mon frère, de considérer ton état d'éphémère sur terre. Créateur mon frère, le paradoxal n'est pas infernal pour ceux qui savent rester simples.

⁂

Créateur mon frère, il n'y a pas de plus grand et de plus petit : seul vit, bien au-delà de l'espace et du temps, le présent qui, lui, Créateur mon frère, est infini.

⁂

Créateur mon frère, ton génie et ta carcasse ne sont pas éphémères ; car, Créateur mon frère, si après ta mort ta carcasse va aux vers, aux vers qui enrichissent de ta putréfaction la terre : ton génie, lui, ne reste ni ne s'en va de terre, parce que ton génie, Créateur mon frère, est lumière et que la lumirèe, Créateur mon frère, se rit de l'espace et du temps éphémère.

*
**

Créateur mon frère, pour honorer le don que t'a fait Dieu ton père, ton génie, tu te dois du présent faire l'apologie. Et si en être fort et sincère, Créateur mon frère, tu fais cela, l'espace et le temps ne seront plus pour toi que concepts vides, inutiles et insipides. Créateur mon frère, danse, chante et ris pour ce qui, aux âmes bien incarnées est le plus cher, j'entends par là, Créateur mon frère, le présent, l'instant pleinement vécu, capable de faire percevoir à celui qui le vit, cet instant de présent : l'infini, sans pour autant que cet éclair, cette perception gigantesque ne lui laisse à jamais dans la bouche un goût amer. Créateur mon frère, il existe dans les perceptions lumineuses un miel d'or profond et doux, capable de supprimer tous les arrière-goûts amers. Créateur mon frère, comme l'abeille qui butine d'infimes parcelles du cœur de la fleur et qui par son dur labeur transmute les parcelles du cœur de la fleur en miel, apte à nourrir l'intérieur ; Créateur mon frère, il te faut être simple et toujours te rappeler qu'une infime parcelle, si elle est bien travaillée, peut être une nourriture pour l'immensité, l'immensité, Créateur mon frère, que l'on sent lorsqu'on perçoit dans la multiplicité issue de la ruche observée : l'Unité, par la Reine toujours préservée.

*
**

Créateur mon frère, ta vie est une lutte de longue haleine et lorsque de toi émane un souffle qui transmet la vie, dis-toi bien, Créateur mon frère, que de ce souffle tu ne verras jamais la fin, car le vent, Créateur mon frère, te porte en son sein.

*
**

Créateur mon frère, l'espace et le temps sont quantités que ton état d'éphémère, prodigieusement doué, peut dépasser. Créateur mon frère, ne serait-ce qu'une minute de vie, si elle est véritablement dans le présent vécue, est plus en qualité que des siècles de vie falsifiée. Créateur mon frère, dans la lumière que peut percevoir l'éphémère, il n'est pas possible de prendre des points de repère, espace et temps, Créateur mon frère, sont chimères : chimères exploitées au plus par ceux qui, faute d'avoir su saisir la magie de l'instant, ont fait de leur vie une quête mortelle, ont fait de leur vie une recherche stérile basée sur l'avenir et le passé.

⁂

Créateur mon frère, tout en toi peut mourir, sauf ton cœur : ton organe principal, fort de ses battements hors du temps, ne s'arrêtera que pour continuer.

⁂

Créateur mon frère, c'est parce que tu es malade de tes confusions, c'est parce que tu es conscient de ta complexité de phénomène incarné, que dans un ultime élan, pour transcender et le complexe et le confus, tu as su rendre à Dieu ton père l'équité en lui faisant sentir à l'Ultime que, durant ta vie d'éphémère, tu as su, tu as pu, tu as osé être digne de tes intuitions quant à la lumière. Créateur mon frère, pour toi l'Alpha et l'Oméga ne font qu'Un puisque ta danse, ton chant et ton rire t'ont permis de supprimer les notions d'espace et de temps. Créateur mon frère, tu es l'homme du présent et de ton présent naît une danse sublime à laquelle viennent se joindre tous les éphémères dignes, afin de faire une ronde éblouissante qui, à force de s'accélérer, se change en astre de lumière, en tourbillon d'Unité.

⁂

Créateur mon frère, je t'affirme qu'il y a plus dans le rire de la petite fille qui danse en chantant que dans toutes les philosophies qui, en fin de compte, ne servent qu'à ronger le temps.

Créateur mon frère, au cas où mes paroles te paraîtraient obscures, j'ajoute ceci : le temps jamais l'humain ne doit ronger, le temps l'humain doit s'en servir comme paramètre et ce, Créateur mon frère, afin de pouvoir dans le finir percevoir le commencement.

⁂

Créateur mon frère, si tu ne sais pas jouer avec le temps, le temps se jouera de toi. Il te demandera de lui rendre des comptes et pendant que tu rendras des comptes au temps, de toi s'éloignera à jamais la magie de toutes les senteurs, de tous les cris, de tous les exutoires nés du printemps.

⁂

Créateur mon frère, le propre de ton génie, c'est de faire de ton état d'éphémère une étoile filante. L'étoile filante, Créateur mon frère, est un brin de lumière qui tombe on ne sait où, mais qui toujours en tombant éclaire une parcelle de nuit. Créateur mon frère, sois cette étoile, par ta souffrance profonde deviens parcelle de lumière : la lumière, Créateur mon frère, qui est UNE. Et si tu fais cela, Créateur mon frère, tu pourras sentir ce qu'est l'Arcane des Arcanes : tu vivras l'instant sublime du présent, Créateur mon frère, ton être saura alors qu'une parcelle est également le Tout.

⁂

Créateur mon frère, ton cœur pétri de lumière sait bien que pour le poète, ton égal, il n'existe pas de temps ; seul existe pour toi, Créateur mon frère, et pour ton compagnon de lumière, le présent : le présent, Créateur mon frère, qui lui seul est capable de faire naître du deux, l'UN.

*
**

Créateur mon frère, tu as compris, toi, que la plupart des hommes meurent de la misère de leur passé sans cesse ressassé. Alors, Créateur mon frère, fort de cette vérité, fais en sorte que les humains tes frères redeviennent perméables à l'oiseau qui chante. Et si cela est, Créateur mon frère, si véritablement ils sont aptes à percevoir le cri poussé à la lumière, ils se retrouveront, les humains tes frères, loin, très loin de leur passé : leur passé, par le chant de l'oiseau métamorphosé en présent.

*
**

Créateur mon frère, l'espace d'un instant de présent par ton cœur profondément senti fera de ta vie une fragilité qui saura, avant de rejoindre l'éternité, dépasser et l'espace et le temps.

*
**

Créateur mon frère, si le temps est une épreuve pour ton état d'éphémère, le don que t'a fait Dieu ton père, ton génie, t'incite à faire de ta vie une quintessence telle que temps et espace ne doivent devenir pour toi qu'anecdotiques bagatelles. Créateur mon frère, lorsque tu respires l'odeur d'une fleur, il ne te viendrait jamais à l'idée de rechercher où et quand elle est née.

Créateur mon frère, même si les signes qui te sont offerts sont pour toi un mystère, il faut surtout que tu considères en eux la direction qu'ils peuvent donner à ton intuition.

Créateur mon frère, ta vie est parsemée de signes et tous, même ceux qui te paraissent les plus infimes, sont des flèches qui montrent à celui qui sait voir le chemin qui mène à l'unité.

⁂

Créateur mon frère, pour toi commence la grande nuit : une nuit où tu transcenderas et l'espace et le temps. Une nuit, Créateur mon frère, au cours de laquelle ton corps d'éphémère devra ramper, nager, voler, afin que ton être tout entier puisse marcher vers la lumière.

⁂

Créateur mon frère, tu le sais bien, toi, que les rendez-vous les plus réussis sont ceux qu'on ne prépare pas ; parce que, Créateur mon frère, lorsqu'a lieu cette rencontre-là, qui semble être le fruit du hasard, c'est en fait la lumière qui, en influant sur les deux cœurs simultanément, a fait que ce rendez-vous soit.

Et de cette rencontre, Créateur mon frère, naît un instant magique au cœur duquel le deux se transmute en UN.

⁂

Créateur mon frère, ne t'inquiète pas de l'heure, n'essaie pas de voir si le crépuscule ou l'aurore sont proches ou lointains ; car, Créateur mon frère, chaque heure du jour et de la nuit, chaque minute, chaque seconde, contient sa lumière.

⁂

Créateur mon frère, tu possèdes le don de la mémoire sélective : celle du cœur et cette mémoire-là, Créateur mon frère, est ô sublime paradoxe, présent qui sans cesse te régénère.

⁂

Créateur mon frère, si dans un moment d'extrême fatigue ton être régresse à un tel point qu'il te balbutie quelques mots comme : — Bébé, hébé, hébété, ne prends surtout pas ces propos à la légère ; car dans les balbutiements que peut proférer, l'espace d'un instant, ton être fatigué, dans ces vagissements comparables à ceux du nouveau-né, vit, Créateur mon frère, un énorme désir tendu au plus vers la sublime intuition qu'est la reconstruction à partir de fragments épars, de l'Unité. Créateur mon frère, ne sois pas vaniteux, toi aussi tu es un fragment épars et même si le morceau qui t'est imparti brille un peu plus intensément, dis-toi bien que ton état d'éphémère doué te donne le devoir de mourir sans cesse pour que véritablement l'unité soit reconstituée.

Créateur mon frère, l'UN te chante un chant sévère qui t'ordonne de mourir afin de renaître vivant au plein chant qu'entonne la lumière qui perpétuellement vibre.

Créateur mon frère, maintenant que mon cœur t'a parlé dans le sens de l'Unité, ensemble dansons, chantons et rions jusqu'à temps que vienne en nous l'acte lumineux qui nous fera transcender et l'espace et le temps. Et lorsque l'espace et le temps, Créateur mon frère, ne seront plus pour nous que concepts oubliés, se produira le grand miracle ; alors, Créateur mon frère, libérés de tous souvenirs, si nous savons y faire tous les deux, il se pourrait bien que nos deux êtres fondus en Un, donnent naissance à l'androgyne. Un androgyne, Créateur mon frère, qui resterait attaché au monde phénoménal, mais qui aurait la faculté d'avoir une partie de son être directement reliée à la lumière : la lumière, Créateur mon frère, qui préside aux morts et aux renaissances, au mourir et au naître.

Créateur mon frère, tout ce que je viens de te transmettre sera pour toi vérité si tu es capable, après avoir écouté, de véritablement te pencher sur l'enfant qui toujours débute, si tu es capable, Créateur mon frère, de fixer le regard neuf rempli de lumière sans jamais baisser la tête.

Créateur mon frère, si ton cœur a véritablement senti ce que je t'ai transmis, tu seras toujours capable d'affronter sans gêne tout ce qui débute et qui gêne la plupart des hommes qui malheureusement en sont arrivés à un tel degré d'encombrement qu'ils ne savent plus voir, sentir et comprendre tout ce qu'il y a de puissant, de profond et de grand dans chaque printemps qui débute, et qui n'a pour but que lui-même : l'éternel recommencement.

***

Créateur mon frère, contrairement au temps-quantité, le temps-qualité est un présent riche d'une telle intensité qu'il en devient point lumineux, petite sphère, monde dans lequel ce présent, signe de l'espace et du temps transcendés, intègre l'être tout entier, sans pour autant l'abîmer.

Créateur mon frère, je te le dis : l'Infini est un guide pour le fini. Seulement un guide Créateur mon frère, car Dieu ne pousse personne, Il nous laisse à nous autres humbles phénomènes, la possibilité de raisonner comme résonne le marteau sur l'enclume.

Créateur mon frère, du marteau qui frappe, du métal qui est frappé, de l'enclume qui sous les coups résonne, qui produit l'étincelle de feu ?

Dieu, Créateur mon frère, car Seul l'Immuable peut exprimer de ces stabilités instables que sont le marteau, le métal et l'enclume, la stabilité stable qu'est le feu jailli de la matière, de l'homme et de Dieu par Dieu. Par Dieu Unique si peu jaloux de son Unicité qu'Il compte sur les hommes pour reconstituer l'Entier.

## CHANT 23

Créateur mon frère, la croyance en l'immense est une transe non maladive, qui conduit au sentir du dense.

Créateur mon frère, pour respecter le don que t'a fait Dieu ton père, ton génie, il te faut faire de ta fragilité une esquisse d'immense.

***

Créateur mon frère, le cœur est une source d'où jaillissent toutes les larmes sincères et lorsque l'eau qui libère chasse tout ce que l'homme contient d'amer, il ne reste plus, une fois cette pluie tombée, il ne reste plus, te dis-je, mon frère, qu'une immensité que toi, être doué, as la merveilleuse impression de pouvoir combler.

***

Créateur mon frère, n'oublie pas que lorsque tu parles ce n'est pas ta propre voix qui s'exprime ; mais c'est, Créateur mon frère, une voix déjà vibrée qui cherche les cimes.

***

Créateur mon frère, ne sois pas comme la plupart, un malade qui dégénère et qui ne voit dans l'autre que le noir. Créateur mon frère, si véritablement l'autre, ton frère, tu sais considérer, il pourrait bien alors se faire que dans ses yeux tu découvres l'esquisse d'une immensité. Créateur mon frère, à chaque fois que tu passes, indifférent, à côté de la petite fille qui t'ouvre grand ses bras, tu pèches, tu pèches, Créateur mon frère, par intellectualisme. Un intellectualisme rusé qui voudrait, à tes yeux, se faire passer pour ciel étoilé.

Créateur mon frère, n'oublie jamais qu'il existe dans tout ce qui débute des étoiles que seul ton cœur peut sentir. Créateur mon frère, si comme l'enfant tu sais toi aussi ouvrir grand tes bras et qu'en faisant cela tu t'aperçoives que ton envergure est plus grande, comble la différence par rapport au petit être en rapprochant tes mains comme si tu allais faire une prière. Puis, au moment précis où tes bras seront avec les bras de l'enfant en harmonie, sois pleinement présent à ce contact et si tu fais cela, Créateur mon frère, en être profondément sincère, tu sauras alors ce que c'est que de toucher une étoile.

*
**

Créateur mon frère, ouvre tes yeux, ouvre-les bien grand comme le petit enfant qui, pour la première fois, voit ; et puis referme-les et lorsqu'à nouveau tes paupières se lèveront, fais en sorte, Créateur mon frère, de sentir, de voir et de comprendre que toute l'éternité peut naître de l'espace qui sépare deux battements de paupières.

*
**

Créateur mon frère, à force de tourner, le cercle se resserre et puis ne devient plus qu'un point : un point, Créateur mon frère, apparemment insignifiant, mais en fait dans cette insignifiance-là vit un monde qui chante à l'infini l'harmonie des sphères.

⁂

Créateur mon frère, si les bruits de la cité deviennent pour toi intolérables, prends un recul et vois : vois, Créateur mon frère, entends, sens ce que ton génie te dicte et lorsque, sans impatience, tu auras attendu et que viendra la réponse, garde ce que t'a dit l'UN pour toi, ne confie cet ultime secret, Créateur mon frère, qu'à un petit enfant que tu rencontreras sur ton chemin et lorsque cela sera, Créateur mon frère, sans aucune crainte pour ton secret, dis au petit enfant : être infime doué, illuminé, tu es cité par l'Ordre même à l'Ordre de l'Univers, car bien que tu sois infime, tu es parcelle véritable de la gigantesque Université qu'est l'Univers illimité.

⁂

Créateur mon frère, tu es un somnambule qui marche jour et nuit les bras tendus vers l'immensité nue ; Créateur mon frère, ton état de somnambule, tu le dois non à l'inconscience, mais au don que t'a fait Dieu ton père, en te baptisant de lumière.

## CHANT 24

Clou mon frère fou, tu es un misérable hère qui erre dans des mondes sidérés ; il ne faut pas pour autant absolument te désespérer, parce que moi qui t'ai souvent entendu hurler, persécuté par le martyr de ta démence, j'ai perçu dans ton cri d'agonie des vibrations positives qui ont beaucoup à voir avec l'enfance intuitive. Clou mon frère fou, il se pourrait bien que tu sois capable de transmuter un jour les mondes sidérés, en mondes sidéraux.

Clou mon frère fou, dans l'obscurité de leurs asiles ils veulent te réadapter à une condition extérieure, profondément débile et inutile. Clou mon frère, je sais que ta vie est une longue torture et que ton être martyrisé ne sait plus ce qu'est le passé, le présent ou le futur. Mais, Clou mon frère fou, moi qui vis à l'extérieur de ton asile sans vie, je te dis : Clou mon frère, il y a plus de lumière dans les moments éphémères où véritablement tu perçois, qu'il n'y en a dans la vie de ceux qui, à l'extérieur, survivent sur le rythme artificiel et machinal qui fait de leur existence un hasard banal. Clou mon frère fou, la lumière existe et mon cœur sent que même de tes cris les plus déchirants, apparemment aberrants, se détachent des ondes incontrôlées, humainement incontrôlables, des ondes qui, l'espace d'un instant, transcendent tout ce monde vautré dans la fange de l'inutilité. Clou mon frère fou, lorsque nous sommes face à face, les grimaces horribles qui sur ton visage font des stigmates ne me font pas peur ; car, Clou mon frère, à travers les monstres horribles que singe ta face apparemment risible, moi, Clou mon frère, je vois que ces rides inhumaines sont sculptées par tes perceptions atrocement douloureuses de l'immensité. Clou mon frère fou, lorsque ta main vers moi se tend, j'ai comme un recul, pardonne-moi ils m'ont inculqué des habitudes, des habitudes qui font haïr à priori tout ce qui est pour l'humain incertitude. Mais, Clou mon frère, lorsque ta main me serre parfois un peu trop, dans le recul que mon être ressent quant à cette pression inhabituelle, je vois, Clou le fou mon frère, un énorme élan qui cherche à dépasser toute l'atmosphère cruelle, où ils voudraient, Clou mon frère fou, que par la triste magie des pilules tu trouves la vie qu'ils te font, belle : pas ridicule.

Clou mon frère, lorsqu'après en avoir trop absorbé de ces médicaments détestables, avant que pour la dernière fois définitivement ton regard se ferme, pour un apaisement définitif, nous nous retrouverons tous deux et malgré nous, nous danserons ensemble accompagnés par le chant d'un petit enfant, que pour la dernière fois tu auras su retrouver, en dedans.

***

Clou mon frère fou, mon cœur le sent, tu es un maître de danse ; ce qui me fait dire cela, c'est que je t'ai vu un jour où ils t'avaient passé la chemise de toile aux coutures fortes, craquer la camisole et, une fois libre, ouvrir grand tes bras vers l'univers qui console ceux qui, ne serait-ce que l'espace d'un éclair, perçoivent l'immense comme une incitation à la danse.

***

Clou mon frère fou, tu es sur terre le porte-parole de l'irrationnel, de l'inhabituel, ou pour être plus précis, du surrationnel et cela, Clou mon frère de démence, ils ne te l'ont jamais pardonné. Lorsque tu t'élances pour effectuer une énorme danse, ils te font des croche-pieds et ce jusqu'à temps que tu te casses le nez et puis aussi la tête. Clou mon frère fou, je vois dans les flaques de sang que laissent tes blessures profondes, des continents, des mers qui constituent d'autres mondes véritables et inexplorés. Clou mon frère fou, plutôt que d'avoir le courage d'explorer ce qu'ils appellent chez l'humain paradoxal, la rage psychique, ils ont préféré, de peur d'être mordus et contaminés, t'enfermer. Mais, Clou mon frère de démence, malgré tous leurs diagnostics, malgré toutes leurs pilules aux multiples couleurs, malgré leurs piqûres, malgré leurs ondes électriques et j'en passe et des meilleures, avant de conclure ils avaient conclu, en fait les derniers mots qu'ils ont prononcé sur toi sont : c'est fini.

Mais, Clou mon frère fou, moi, lorsque je te vois et que j'observe tous tes gestes paradoxaux scandés par ta démence, je vois dans ton regard qu'il est impossible d'en finir avec toi : nul ne peut venir à bout de l'outrance, lorsqu'elle a des saveurs d'immense.

***

Clou mon frère fou, si lorsqu'on s'adresse à toi, on le fait en froissant, pour faire des mots, la soie toute subtile dont est faite ton âme ; je sais, Clou mon frère de démence, que ton être malade est capable malgré tout de sentir que lorsque les fils de soie se plient, ils crient, ils hurlent comme toi, Clou mon frère fou, lorsqu'à force de souffrance ton être martyrisé souffre les transes.

Clou mon frère fou, je te vois comme une poupée qui serait tissée à l'aide de fils de soie très pure, et te sens capable de parler de cette épure qui te constitue, épure qui vibre au moindre souffle de vent ; le vent, Clou mon frère de démence, qui sait malgré toutes les humaines carences, impulser le rythme puissant par lequel se fondent dans un éternel présent les chants, les rires et les danses dédiés dans la sensibilité vibrée à l'immense. Clou mon frère fou, Clou mon frère de démence, je le sais bien, moi, que seule la mort parviendra à te libérer. Parce que, Clou mon frère torturé, à force de vouloir te soigner, ils t'ont tellement abîmé que ton ventre, incapable de digérer leurs pilules multicolores, est devenu hypertrophié. Mais, malgré ton infirmité qui te fait cruellement souffrir, il ne faut pas, Clou mon frère fou, fermer ton oreille à la vie qui en toi crie : Clou, si les hommes avaient eu un peu plus d'intelligence, s'ils n'avaient pas compensé leurs errances en faisant de toi un martyr incompris, ils auraient été capables de sentir émanant de ton cœur de malade, des vibrations : des vibrations qui sont aptes à transcender toutes tes perceptions qu'ils appellent désordonnées, maladives, pathologiques. Clou mon frère, la mort sans remords de ceux qui sur cette terre ont souffert le calvaire de l'incompréhension monstrueuse est une délivrance. Si je te dis cela, Clou mon frère fou, ce n'est pas pour t'encourager à te tuer : je te dis cela uniquement parce que mon cœur le sent. Clou mon frère de démence, lorsque tes yeux pour la dernière fois se fermeront, ton âme alors délivrée pourra chanter, rire et danser. Et ton ultime récompense, Clou mon frère de démence, sera qu'avec détachement tu pourras rire de tout ce qu'ils ont dit, blasphémé, critiqué quant à ta démence. Clou mon frère fou, lorsque pour toi le moment sera venu de rejoindre le Tout, ton épiphanie te permettra alors de respirer l'air purifié des Aurores pleines et éternelles.

***

Clou mon frère de démence, je vois dans tes yeux immenses des vagues et sens lorsque je bois tes larmes amères le sel. Un sel identique à celui que je goûte lorsque sur la plage immense, je cours en chantant le chant de la délivrance. Clou mon frère fou, tu es comme l'infime grain de sable qui reste dans ma main, une fois qu'avec une multitude de petits grains je me suis amusé. Tu es, te dis-je, Clou mon frère fou, comme cette infime parcelle qui sur ma paume, lorsque je la présente au soleil, étincelle.

## CHANT 25

Créateur mon frère, pour que véritablement tes écrits soient dignes, fais en sorte qu'ils soient mieux qu'utiles : fais en sorte, Créateur mon frère, qu'ils soient fertiles.

Créateur mon frère, si tout ce que tu transmets vient véritablement du cœur, il se pourrait bien qu'un jour tu vois dans un halo de lumière une tranche de pain et un verre de vin posés sur une table de chêne à ton intention.

Créateur mon frère, ce pain et ce vin ne sont pas vision, ils sont chair et sang qui te sont offerts en récompense pour tout ce que tu transmets en souffrant. Créateur mon frère, il faut gagner son pain et son vin à la sueur de son front et la plus belle récompense pour ton œuvre aux accents pourpres de chef-d'œuvre est, Créateur mon frère, une bouchée de pain blond et une gorgée de vin pourpre.

***

Créateur mon frère, si l'on te pose un jour la question : qu'est-ce que la vie ? Ne réponds pas ! Mais de tes deux mains ouvertes, Créateur mon frère, montre à celui qui te questionne le bouton de rose pourpre qui se détache sur un ciel gris d'automne.

***

Créateur mon frère, n'oublie jamais que le don que t'a fait Dieu ton père est avant tout solaire. Créateur mon frère, lorsque pour l'autre, ton frère, tu t'exprimes, fais en sorte que ce que tu dis soit aussi lumineux que l'astre principal. Créateur mon frère, pour être équitable envers Dieu ton père, tu te dois d'être un catalyseur, un tueur d'ombres. Créateur mon frère, par la source qui jaillit de toi en flots de lumière, tu te dois de laver les grimaces qui se font dans l'ombre amère, tu te dois, Créateur mon frère, de laver les rides astucieuses et complaisantes de tous ceux qui ont l'air de t'écouter et qui, en fait, se contentent de ricaner et de bafouer. Créateur mon frère, tu te dois d'être un générateur de visages nus : vides de toutes rides astucieuses et complaisantes. Et lorsque ton état d'éphémère doué pourra contempler la danse des visages dénudés, affranchis de l'ombre, imprégnés de lumière, tu pourras alors faire de ton corps d'éphémère un terreau pour enrichir la bruyère.

*
* *

Créateur mon frère, ne fais pas du nouveau-né un mort-né ! Pour que vive véritablement le petit être de chair et de sang, meurs pour renaître en même temps que lui afin de lui transmettre : Amour, Sagesse, Force, Beauté.

*
* *

Créateur mon frère, si la fatigue de ton corps d'éphémère te fait dans une grotte prendre retraite, dans ta solitude, sois vigilant : cherche la source dans la roche. Puis, lorsque tu l'auras trouvée, humblement penche-toi vers elle et bois son eau pure. Une fois que tu seras bien désaltéré, songe à tous les êtres sincères qui, si tu les avais seulement un peu aidés, pourraient comme toi se désaltérer. Créateur mon frère, quitte ta grotte et laisse pour ceux qui ont soif couler librement la source.

*
* *

Créateur mon frère, si tu as bien senti ce que Dieu ton père t'a transmis, à moins d'être un velléitaire, tout ton être sentira de transmettre à son tour la vie.

⁂

Créateur mon frère, quelques êtres concernés par la lumière sentent de te suivre sur le chemin qui monte, qui monte de plus en plus. Créateur mon frère, si au cours de l'ascension l'abîme venait à terrifier, jusqu'au vertige qui fait tomber, ceux qui te suivent : ne les blâme pas, Créateur mon frère, mais, s'ils tombent, prête l'oreille pour entendre si leur dernier cri d'angoisse ne contient pas des bribes d'espérance tenace.

⁂

Créateur mon frère, lorsque la vie par sa force énorme te fait vibrer sur la plus haute note : prends garde ! ne t'imagine surtout pas que cette vibration plus que forte t'est uniquement destinée. La toute-puissante, la vie, lorsque à travers toi elle s'exprime, te crie : Créateur, sous peine de devenir boiteux, cherche à faire de tes forces vives une incitation, une contagion non maladive, quant au chant, au rire et à la danse.

⁂

Créateur mon frère, comme la figue mûre ouverte aux appétits de ceux qui doivent manger, tu dois aussi, parce que véritablement ouvert, t'attendre à être dévoré ; mais pour être digne du don que t'a fait Dieu ton père, ton génie, tu te dois également de renaître.

Créateur mon frère, il ne faut pas que tu sois la proie passive et morte des vautours, il faut pour que se transmette la lumière que, mort, tu sois malgré tout vivant. Créateur mon frère, tu as le devoir, durant ta vie d'éphémère doué, de faire savoir à tous ceux qui sont capables de recevoir que la mort sert la vie.

⁂

Créateur mon frère, ce que ton cœur crée est un tamis capable d'atténuer la lumière sans pour autant la diminuer : c'est pour cela, Créateur mon frère, que, lorsque ton cœur s'exprime, ceux qui t'écoutent ne sont pas atteints de cécité.

***

Créateur mon frère, lorsque par ta bouche le verbe s'est exprimé, vient le silence. Et dans ce silence, Créateur mon frère, ne sont véritablement vivants que ceux qui avec toi crient : j'espère !

***

Créateur mon frère, même si l'on prend le paramètre sommaire de l'évolutionnisme et que l'on considère de ce fait que l'homme n'est que l'aboutissement d'une matière de plus en plus organisée ; Créateur mon frère, tout homme sincère qui n'aurait compris, ne serait-ce que cela, j'entends par là cette théorie évolutionniste, se doit d'exploser en mille éclats, afin de reconstituer, à l'aide de l'éclair qui l'a dispersé, l'Unité : l'Unité, Créateur mon frère, qui transcende les morceaux et le concept de l'UN, l'Unité, Créateur mon frère, que l'on pourrait exprimer comme étant le comble du simple et c'est de ce comble-là, Créateur mon frère, qu'est née la vie tout entière, la vie tout entière que le don que t'a fait Dieu ton père, ton génie, te permet de transmettre en dépassant les concepts d'esprit et de matière.

Créateur mon frère, tu es un pont sur lequel passent en trépassant tous les concepts inutiles et futiles issus des philosophies puériles.

Créateur mon frère, tu es une arche construite uniquement pour la perméabilité.

Créateur mon frère, tu es compatible avec ce que la plupart appellent invisible.

Créateur mon frère, tu n'es pas vie absolue, mais, ô sublime paradoxe, la vie totalement passe à travers toi.

⁂

Créateur mon frère, tu te dois d'être une pluie qui irrigue les déserts. Lorsque l'aride devient fertile, il ne peut plus être question pour toi, Créateur mon frère, de solitude. Créateur mon frère, laisse jaillir de toi la source de vie jusqu'à ce qu'elle devienne torrent : Créateur mon frère, irrigue !

⁂

Créateur mon frère, lorsque, dépassant ta misère de phénomène qui souffre, tu peux vivre pleinement avec ceux qui t'aiment des instants de vraie vie, Créateur mon frère, dis-toi bien que ces instants de lumière vécus ensemble t'obligent à vivre avec une telle intensité l'union, t'obligent, Créateur mon frère, à pousser ta vie si haut que ce chant vibrant au plus invite la mort, la mort, Créateur mon frère, que tu te dois de vivre avec tous ceux qui ont été, ne serait-ce qu'un instant, tes frères de sang. Créateur mon frère, tu es le compagnon de l'irréversible, lorsque par ta voix le verbe s'exprime, il chante la mort noire aux reflets d'aurores pourpres. Créateur mon frère, lorsque véritablement et profondément on vit ensemble, on se doit de mourir ensemble ; car, Créateur mon frère, sont multiples les feuilles qui composent l'humus aux senteurs divines.

⁂

Le travail du Créateur est si subtil qu'il passe, aux yeux de l'homme ordinaire, inaperçu. Créateur mon frère, malgré cela, il faut hausser ton rire jusqu'à l'éclatement et, en être qui obéit, qui transmet et qui aime, créer encore et toujours plus.

*
**

Créateur mon frère, si tu veux être certain que ce que tu transmets soit véritablement transmis, regarde avec ton cœur celui à qui tu t'adresses et vois s'il est capable de danser sans boiter. Car danser sans boiter, Créateur mon frère, c'est évoluer sur l'arc-en-ciel afin de faire vibrer sous le pied ses couleurs et ce, jusqu'à ce que vienne l'instant divin où l'arc multicolore devient cercle : cercle pourpre irradié de lumière.

*
**

Créateur mon frère, plutôt que de perdre ton temps à chercher à expliquer la relativité, mieux vaut t'employer à sentir battre au plus profond de toi le rythme de l'absolu. Créateur mon frère, sois attentif à ce que je te dis, car cet absolu une fois perçu est capable de faire de toi un être qui se perpétue.

*
**

Créateur mon frère, lorsque je te vois debout, la tête haute, les poings serrés, crier la vie, je t'aime et je te comprends, parce que pour être capable de donner, de partager ses forces vives, il faut en posséder et non seulement, Créateur mon frère, en posséder, mais être conscient au plus qu'on possède ces forces. Créateur mon frère, tu m'as appris à puiser jusqu'au bout les forces que j'ai en moi, afin de les donner. Créateur mon frère, tu es le compagnon lumineux du partage et seule la lumière est capable de juger si, lorsque tu donnes, tu es équitable.

⁂

Créateur mon frère, je t'en supplie, ne gâte pas ton caractère par des velléités philosophiques. Créateur mon frère, garde l'intégrité de ton caractère pour avoir la force de rendre hommage au naïf ton frère : le naïf qui lui, sans jamais philosopher, sait ce qu'est la lumière. Je te dis bien, Créateur mon frère, sait ce qu'est la lumière, parce que ce sont les oiseaux au printemps qui, en s'approchant de lui sans crainte, sans peur et sans émoi, lui ont appris la chanson très dense qu'ils ont puisée dans les vibrations de la lumière intense.

⁂

Créateur mon frère, lorsque tu transmets à l'autre la force vive de la lumière, avertis-le : dis-lui que la lumière brûle tous les corps opaques qui n'ont pas l'humilité de la laisser passer. Créateur mon frère, lorsque tu transmets la lumière, préviens ceux que tu éclaires, car la lumière une fois transmise ne s'arrête jamais. Créateur mon frère, à tous ceux qui durant leur vie ont eu le privilège de recevoir cette sublime transmission, dis : sous peine de mort sans renaissance, à ton tour, transmets ! Transmets la lumière que je t'ai transmise.

⁂

Créateur mon frère, tu es une parcelle d'étoile qui, par la grâce de Dieu ton père, est venue sur terre : fais en sorte, Créateur mon frère, que ta vie, par ta souffrance rendue exemplaire, devienne une étoile sur terre. Si tu fais cela, Créateur mon frère, ce qui est en haut sera en bas et par la grâce de ta transmission, l'Unité, par le pont que tu auras structuré, s'élèvera en pleine clarté.

*
**

Créateur mon frère, tu ne dois jamais être un suggestionneur ; mais pour te montrer digne du don que t'a fait Dieu ton père, ton génie, tu te dois d'être un catalyseur de latences.

*
**

Créateur mon frère, ne retiens comme paramètre que ce que ton cœur aura dicté dans un grand souffle ; car, Créateur mon frère, l'intuition du divin ne souffre pas l'expression petitement exprimée. Créateur mon frère, si le divin t'a choisi pour exprimer la vie, transmets ce qu'Il te dit par le chant, la danse et le rire. Créateur mon frère, je pense que tu as bien compris ce que je veux dire lorsque je parle du chant, de la danse et du rire : rire, danser, chanter c'est hausser le corps et le verbe jusqu'à atteindre des vibrations telles, qu'elles sont, ces vibrations, chant et danse de reconnaissance dédiés à Dieu qui t'a choisi comme pont.

*
**

Créateur mon frère, même si cela te coûte beaucoup de larmes amères et sincères, fais en sorte, afin de respecter ton sentir profond de l'UN, fais en sorte, te dis-je, Créateur mon frère, de faire de ton passage sur terre un instant sincère. Créateur mon frère, la profonde sincérité vécue donne à celui qui sait vivre le sentir profond d'une Aube qui sans cesse se renouvelle. Créateur mon frère, je te le dis, parce que je le vis, transmettre par le verbe des ondes issues d'un cœur libéré incite ceux qui sont capables de véritablement entendre à danser, à chanter et à rire : les incite à vivre avec joie le sentir de l'Unité transmise.

*
**

Créateur mon frère, si ta mémoire est celle du cœur, tout ce que tu transmettras sera force vive.

*
**

Créateur mon frère, ne compte pas te réaliser en te servant de la dialectique ; songe plutôt à toute la lumière qui jaillit des éphémères lorsqu'ils sont aptes à dépasser les bavardages amers, lorsqu'ils sont capables dans le silence retrouvé de créer. Créateur mon frère, sois le médium de tes vibrations, inexplicables par un langage fatigué et misérable. Créateur mon frère, j'espère que tu m'as bien compris : il te faut, pour assumer ta vie de génie, faire mieux que de parler, il te faut, Créateur mon frère, te surpasser, afin de transmettre, sans ambiguïté, tout ce qui en toi est vibré. Il te faut, te dis-je, chanter, danser et rire sans que rien ne t'y oblige. Créateur mon frère, tu ne dois jamais être un homme motivé : ta création, ta transmission, c'est en toi, au plus profond de toi, que tu dois la trouver. Créateur mon frère, créer c'est jaillir : se laisser motiver c'est finir.

*
**

Créateur mon frère, tu es un pont qui relie le ciel et la terre et pour que sur ton dos passent les hommes tes frères, courbe-toi assez, mais pas trop afin que le chemin soit sévère : sévère, Créateur mon frère, le chemin, pour que les hommes tes frères puissent marcher en te franchissant vers la lumière.

Créateur mon frère, voilà ce que j'appelle être bossu à bon escient.

⁂

Créateur mon frère, si ce que tu exprimes est lumière trop dense pour ceux qui t'écoutent et qu'après que tu aies parlé se fasse le grand silence, imite le cri de l'oiseau lorsqu'il salue le printemps et si tu fais cela, Créateur mon frère, tu pourras alors voir se détendre l'atmosphère. Créateur mon frère, c'est une vérité première, le langage des oiseaux est toujours source qui dans le simple régénère.

⁂

Créateur mon frère, ne tiens pas de comptes quant à ce que tu transmets : mieux que de calculer, vois si tes écrits sont signes d'Unité.

⁂

Créateur mon frère, lorsque la vie frappe à la porte de ta frêle carcasse, elle fait résonner en toi une vibration telle, que ton être, dans un éclair, meurt et renaît à la vibration surhumaine qui t'oblige à transmettre ce que tu as violemment reçu en criant le verbe : le verbe qui métamorphose, en les purifiant, les mots en danseurs de cristal.

⁂

Créateur mon frère, il existe sur terre des éphémères médiocres et des éphémères doués ; médiocrité et don, Créateur mon frère, vivent en toi, alors, Créateur mon frère, fais en sorte de t'unir avec les éphémères doués, afin de fonder la ruche où se crée le miel aux reflets d'or.

⁂

Créateur mon frère, ton cœur de créateur ne peut battre pleinement que si une multiplicité de cœurs sentent le même rythme. Créateur mon frère, il te faut éveiller le MULTIPLE afin qu'il devienne UN.

⁂

Créateur mon frère, même si durant ta vie la lumière t'a parfois aveuglé, il restera toujours dans ta pupille un point de lumière indélébile, destiné à perpétuer dans le subtil la pérennité de ton espèce, ô combien fertile.

⁂

Créateur mon frère, lorsque, par la grâce de Dieu ton père, tu es en mesure de trouver, transmets sans restriction ce qu'Il te transmet. Créateur mon frère, mille recherches par toi seul voulues ne te permettraient pas de transmettre ce que t'a transmis Dieu ton père : la lumière.

⁂

Créateur mon frère, lorsque tu donnes, fais en sorte que ta voix résonne de façon telle, que celui qui reçoit ne puisse plus vivre si, à son tour, il n'a pas la ferme intention de redonner ce qu'il a reçu.

⁂

Créateur mon frère, si, lorsque tu quittes la table, en même temps que toi s'en va la lumière, n'accuse pas les convives, Créateur mon frère, de se complaire dans l'obscur, interroge-toi plutôt, pose-toi la question : si la lumière avec moi est partie, n'est-ce pas parce que j'ai été trop avare de mon sang et que mon cœur, empêché par le petit homme qui boite en moi, n'a pas su donner tout l'éclat de son rythme puissant.

*
**

Créateur mon frère, si véritablement tu respectes le don que t'a fait Dieu ton père, tu te dois de toujours repousser l'ombre, afin que partout où tu te trouves brille au plus la lumière.

*
**

Créateur mon frère, tu es un pont, une médiation et malgré cela tu te dois d'être, dans ta transmission, immédiat.

*
**

Créateur mon frère, il existe de par le monde des milliers d'enfants aux yeux trop grands par rapport à leurs corps affamés.

Créateur mon frère, ne laisse pas ton cœur généreux entre les mains des partis, des dogmes et autres inventions humaines qui, toutes sans exception, clignent de l'œil de façon inhumaine. Ne les laisse pas, te dis-je, Créateur mon frère, t'absorber dans le but de résoudre les problèmes que posent les petits enfants aux yeux plus grands que leurs corps de misère.

Créateur mon frère, crée, invente, impulse une race d'hommes qui sauront être à l'écoute perpétuelle de leur cœur et qui, Créateur mon frère, seront capables par cette écoute, que nulle anecdote ne pourra récupérer, de voir dans les grands yeux de lumière des petits corps de misère et la Rose et l'Epi de blé.

Créateur mon frère, fais en sorte que ta mutation engendre des hommes et des femmes capables de semer le blé, de le soigner et de le récolter bien mûr, doré au plus. Et puis, Créateur mon frère, fais en sorte que ton état de mutant élève la Rose : la Rose, Créateur mon frère, nécessaire à la lumière de la prunelle des enfants nourris par le blé d'or et vivants par la fleur que ton état de mutant aura rendue première.

⁂

Créateur mon frère, même si tu as l'intuition de la réincarnation, n'attends pas d'être mort pour transmettre, par l'amour, l'essentiel de ton cœur.

## CHANT 26

Créateur mon frère, si en être désencombré tu fixes l'enfant dans les yeux, dans le fond de ses prunelles, tu pourras voir Dieu.

Tu le sais bien, toi, Créateur mon frère, qu'une mère n'est mère que lorsqu'elle est capable d'élever sa souffrance de femme qui accouche au niveau de la mère universelle : la mère universelle qui est, Créateur mon frère, la terre, le ciel, la mer et le soleil rassemblés, unis par le tourbillon magique de l'UN.

*
**

Créateur mon frère, retire-toi dans la caverne, isole-toi et, dans cette solitude, chante ton chant le plus désespéré. Et lorsque tu seras las, Créateur mon frère, de toujours entendre en guise de réponse ton propre écho, sors de l'ombre et dirige-toi vers la clairière où des enfants nus dansent, chantent et rient pour honorer la quintessence qui chez eux est à fleur de peau. Puis, Créateur mon frère, approche-toi de ces enfants qui dansent et essaie, avec grande délicatesse, de te faire accepter dans leur monde simple et immense, et si la ronde, Créateur mon frère, pour toi s'ouvre, interprète ce signe comme le plus grand honneur qu'un homme puisse recevoir sur terre. Et pour prouver, Créateur mon frère, que tu es véritablement digne de faire la ronde avec ces débuts qui par la magie de l'osmose sont tout un monde, Créateur mon frère, sans interrompre la danse, penche-toi vers l'enfant qui te tient la main et ris. Et lorsque lui, Créateur mon frère, te répondra en riant aux éclats, tu sauras alors pourquoi tu as quitté la sombre caverne où règne l'écho insipide et terne.

*
**

Créateur mon frère, tu ne pourras te sentir véritable disciple de la lumière, que lorsque ton cœur saura écouter le petit enfant qui s'adresse à toi, pour te confier sa peur.

***

Créateur mon frère, je te le dis : tu es drôle et de toi je ris, je ris parce que malgré les horribles chimères qui te viennent de ton état d'éphémère, tu es encore capable de tendre tes mains décharnées vers la petite main de l'enfant qui instinctivement s'élève vers la lumière, sans pour autant salir de ta main qui se putréfie la peau blanche qui, elle, véritablement vit. Mais, Créateur mon frère, ne soyons pas amers : toi aussi tu es un être vivant et même si ta narine sent l'odeur de cadavre issue de tes chairs qui se putréfient, de ton état d'éphémère devenu un monstre vert, peut naître, Créateur mon frère, une rose blanche ! Une rose aussi blanche que la peau de l'enfant, une rose de chair neuve irradiée de lumière.

***

Créateur mon frère, les fleurs sauvages ne se rétractent pas lorsque la petite fille aux cheveux d'or se penche vers elles pour les caresser. Créateur mon frère, les fleurs savent qu'une main d'enfant tendue est une main véritablement pure et que jamais cet attouchement jailli d'un commencement ne salira la Rosée : la Rosée, Créateur mon frère, qui est le breuvage gorgé de lumière, dont toutes les fleurs sauvages pleinement se désaltèrent.

***

Créateur mon frère, par humilité, laisse tes yeux sur la terre se fixer et puis, Créateur mon frère, rends mobile ton œil, fais le tout doucement monter et lorsque ton regard aura atteint le niveau d'un jeune enfant, arrête-le et contemple le visage qui te dit : pourquoi m'as-tu fait naître ? Et si tu ne trouves pas, Créateur mon frère, de réponse immédiate, ne cherche pas dans ta tête des arguments pour compenser : laisse à nouveau tes yeux sur la terre se fixer. Puis, une fois bien imprégné d'humilité, hausse à nouveau ton regard pour voir, pour voir l'enfant qui ouvre grand sa bouche pour exiger son équité, afin, Créateur mon frère, que tu lui donnes ce qui lui est dû : à manger, à manger des grains de blé véritables et dorés, imprégnés de lumière.

Créateur mon frère, tu te dois d'être le semeur et le moissonneur. Créateur mon frère, pour respecter le don que t'a fait Dieu ton père, ton génie, essaie de faire de ceux qui t'entourent et t'aiment des êtres conscients, capables de labourer, de semer, de récolter et, une fois la tâche accomplie, de distribuer avec équité tout le blé récolté.

***

Créateur mon frère, tu n'existes, tu n'existeras que si, en être désencombré, tu sais entendre l'enfant chanter.

***

Créateur mon frère, ne les écoute pas, n'écoute pas ceux qui à tout prix veulent analyser l'enfant pour en faire une espèce de chimère. Créateur mon frère, sois simple, ne discute pas, ne parle pas, ne te laisse surtout pas aller à la dialectique, même si elle se veut métaphysique. Mais, Créateur mon frère, pour être sûr de ne pas perdre ton temps, lève-toi aux Aurores, va dans les bois et cueille une primevère inondée de rosée et de lumière, puis simplement offre la fleur à l'enfant : essaie, Créateur mon frère, par ce geste de laver tous les blasphèmes qui depuis très longtemps cherchent à abîmer l'enfant, jusqu'à en faire un être blême. Créateur mon frère, si en être véritablement sincère tu fais cela, tu pourras voir l'Aube se lever dans les yeux du nouveau-né.

⁂

Créateur mon frère, je vais te dire ce que mon cœur n'a jamais confié à personne : Créateur mon frère, c'est une petite fille aux yeux grands ouverts qui m'a appris qu'avec la lumière, on pouvait danser.

⁂

Créateur mon frère, si, après avoir marché longtemps dans le bois touffu, tu débouches sur une clairière pleine de lumière et que, dans cet espace vert parsemé de primevères, tu vois une petite fille danser en pleurant, couche-toi face contre terre, Créateur mon frère, et puis rampe, rampe et ne relève la tête que lorsque ton cœur se sentira digne de ne pas abîmer la petite fille qui, de tout son être, parmi les jacinthes, les violettes et les primevères, cherche en pleurant à danser sa vie.

⁂

Créateur mon frère, lorsque la petite fille chante de sa voix frêle un chant inventé par elle, sois attentif : tends bien ton oreille pour entendre vibrer dans l'éphémère la quintessence.

⁂

Créateur mon frère, si dans la nuit une voix d'enfant chante une prière, lève-toi, va tout près du petit lit de fer, afin d'entendre cette chanson première. Créateur mon frère, même si la nuit tu dors du sommeil du juste, méfie-toi que ce juste-là ne devienne lourd. Créateur mon frère, tu n'as pas le droit d'être sourd, par bonne conscience, au cri qui dans la nuit balbutie l'essence.

*
**

Créateur mon frère, lorsque ton cœur sent de transmettre toujours plus et ce, en harmonie avec les aubes et les crépuscules qui renaissent sans cesse, Créateur mon frère, volontairement arrête-toi, arrête-toi pour entendre la voix frêle de la petite fille qui te dit : « Maintenant, c'est la nuit, je vais aller me coucher, alors viens près de mon lit pour me raconter une histoire. »

Créateur mon frère, si ton goût d'infini te détourne de cet appel, prends garde et dis-toi bien que, croyant être créateur d'aubes et de crépuscules qui se répètent sans cesse, tu pourrais bien devenir le triste générateur d'un crépuscule sans aube.

*
**

Créateur mon frère, lorsque l'enfant s'exprime, invite le silence : car seule la voix du naïf est avec lui compatible.

*
**

Créateur mon frère, si par moment ton génie te semble trop pesant et que, las de créer, tu sentirais bien d'un peu t'amuser ; Créateur mon frère, en cet instant où le moi veut gagner sur toi et faire de ton être une chose qui s'exaspère, Créateur mon frère, regarde les yeux d'un enfant et comprends, comprends que les prunelles qui appellent ne te permettent pas de laisser ton moi faire de ton état d'éphémère, une sénilité qui ne s'amuserait qu'en se contemplant elle-même.

Créateur mon frère, si entre chaque battement des petites paupières, tu sais véritablement voir la lumière, pour être de la même taille que le petit enfant, mets tes deux genoux à terre et laisse le petit te guider. Et lorsqu'il te proposera un jeu, joue, Créateur mon frère ; car seuls les jeux d'enfants sont, parce que sévères et sincères, vrais, et n'ont que faire du moi qui s'apitoie.

Créateur mon frère, si l'enfant te dit : chante ! Chante. Créateur mon frère, si l'enfant te dit : ris ! Ris. Créateur mon frère, si l'enfant te dit : danse ! Danse. Sans hésiter, Créateur mon frère, fais tout cela, car seul l'enfant possède le secret des jeux simples et immenses. Créateur mon frère, joujou s'accorde bien avec nous et nous, Créateur mon frère, sommes frères par la toute puissante magie de la lumière. Créateur mon frère, seul le naïf véritable peut, de façon équitable, rendre hommage au « NOUS ».

⁂

Créateur mon frère, à l'aide d'un morceau de bois, dessine sur la terre un X, puis va chercher un enfant et invite le petit à suivre avec son doigt le tracé de la croix. Et lorsque la petite main aura parcouru les deux obliques et qu'elle s'arrêtera sur le centre unique, tu pourras assister, Créateur mon frère, à la plus belle chose manifestée sur terre : la rencontre du simple avec la lumière.

⁂

Créateur mon frère, lorsqu'au printemps la petite fille avec des cerises se fait des boucles d'oreilles, laisse de côté tes pensées de solitaire et cours vers elle ; puis, à ton tour, suspends des cerises à tes oreilles et prends les mains de l'enfant, serre-les bien et, avec elle, Créateur mon frère, fais la ronde : ce sera là, la meilleure façon pour toi de saluer le printemps.

Et si tu en doutais, avant de quitter l'enfant, observe bien les cerises aux reflets pourpres restées accrochées aux petites oreilles et vois, Créateur mon frère, le soleil allumer dans les petites sphères rouges, des lueurs vermeilles.

*
**

Créateur mon frère, comme la jacinthe, la violette, le narcisse, la fougère et la primevère, la petite fille, par l'instinct qui en elle vit, sait sans jamais avoir appris, danser en parfaite harmonie avec les fleurs sauvages : les fleurs sauvages qui, même après avoir essuyé un violent orage, savent lorsque l'aurore vient déposer dans leurs corolles la Rosée, rester dignes, droites, dressées sur leur tige, afin de pouvoir, lorsque les éclairs et le vent perceront à nouveau le noir, danser sans se briser.

*
**

Créateur mon frère, parmi tes chants sublimes, la chanson qu'un jour ton cœur composa pour la petite fille, n'est pas la moins digne : la preuve, c'est que l'enfant a répondu à ton chant par le rire et la danse, la danse, Créateur mon frère, qui n'est véritablement sincère que lorsqu'elle est enfantine.

*
**

Créateur mon frère, respecte toujours les pulsions qui jaillissent des débuts : ce sont, Créateur mon frère, des points de repère sûrs quant à l'instinct qui sans cesse crie : je veux perpétuer la vie.

*
**

Créateur mon frère, si par instants tu sens ton être envahi par de folles chimères, ne les analyse pas, ces monstres qui veulent à tout prix que tu ne sois pas. Mais, Créateur mon frère, dans un ultime effort, avance ton pied et lève-le jusqu'à ce que tu sentes en toi, au plus profond de toi, un irrésistible besoin de danser. Alors, Créateur mon frère, dans le tourbillon exécuté par ta fragilité, dans l'instant, par ta danse transcendée, disparaîtront toutes les chimères aux regards fixes d'hallucinés, pour faire place, Créateur mon frère, à une ronde dans laquelle main d'enfant et main d'homme se tiendront fermement et ce, Créateur mon frère, pour effectuer une danse qui, si elle tourne bien, verra son cercle s'emplir de lumière vive, vive, Créateur mon frère, comme la source première que représente la petite main d'enfant tendue vers le poing de l'adulte qui, trop souvent, écrase.

Et puis, Créateur mon frère, si la ronde est profondément sincère, tu verras alors le miracle se faire : tu verras le poing qui tue s'ouvrir pour recevoir la prière de la petite main qui supplie, la prière de l'enfant qui dit : fais en sorte, adulte, que mon empreinte à peine formée ne s'efface pas avant que je sois quelque chose de plus évolué qu'un nouveau-né.

***

Créateur mon frère, je sais bien que ton cœur de lumière exprime la création immense ; mais cette immensité, Créateur mon frère, tu peux aussi la trouver dans les yeux de la petite fille qui t'invite à danser sur le rythme désencombré des équivalences évidentes et lumineuses.

***

Créateur mon frère, si comme moi tu as suffisamment d'humilité pour te coucher tout près de la terre, là où l'humus s'exprime au plus et que, sans impatience, oubliant l'heure et le temps, tu sais attendre, il pourrait bien alors se faire que tes yeux soient témoins d'un miracle. Créateur mon frère, voici ce que j'ai vu un jour où, sans impatience, j'ai attendu : c'était à l'aube, aux aurores pleines, une petite fille assise sur un tapis de mousse regardait une violette gorgée de rosée, elle a tendu sa main vers la petite fleur et, avec son doigt, en a dessiné le contour. La petite fille, après avoir regardé devant et derrière elle, à droite et à gauche, comme si elle voulait s'assurer que son secret serait bien gardé, a caressé les pétales de la petite fleur mauve que le soleil nouveau rendait transparents. Et, chaque fois que l'empreinte marquait un pétale de la violette, la rosée recouvrait aussitôt la fleur tout entière.

Créateur mon frère, la petite fille et la rosée sont « équivalence » : elles respectent et alimentent toutes deux de leur innocence : l'essence.

⁂

Créateur mon frère, si dans la nuit une voix d'enfant vers toi s'élève, couche-toi à terre, afin de rendre, par l'humilité de ce geste, l'équité au tout petit être qui, sans jamais avoir appris, te parle de lumière.

Créateur mon frère, tu le sais bien, toi, que s'abaisser devant un véritable début, c'est s'élever. Créateur mon frère, fais en sorte que ta vie soit une longue succession d'humilité et de fierté, afin de toujours entendre dans la nuit profonde l'appel de l'enfant qui te crie : viens ! Créateur mon frère, comprends bien mes mots : si je t'ai parlé d'humilité, c'est pour que tu t'ouvres à ce début, et si je t'ai parlé de fierté, c'est pour que tu aies la force d'assumer durant ta vie, la pérennité de ton espèce, par le chant de l'enfant exigée.

⁂

Créateur mon frère, vois dans les cheveux blonds de la petite fille couronnée de violettes imbibées de rosée fraîche, se refléter la lumière, vois, Créateur mon frère, le front pur et lisse, aussi beau et simple que la courbe que fait le brin de lavande, lorsque, sous le vent chargé de chaleur odorante, il se penche pour saluer le printemps plein.

⁂

Créateur mon frère, j'ai vu un jour venir vers moi une petite fille aux yeux bleus, bleus d'un bleu si bleu que, lorsqu'avec humilité je me suis penché vers elle pour l'embrasser, j'ai senti naître de son regard neuf des senteurs de lavande.

⁂

Créateur mon frère, si dans la forêt tu rencontres une petite fille qui cueille des jonquilles, ne fais pas comme la plupart des humains : ne ceins pas le front de la petite fille, tendrement penchée vers les jonquilles, d'une couronne d'épines. Créateur mon frère, pour être digne du don que t'a fait Dieu ton père, ton génie, il te faudra toujours respecter les débuts qui, par le simple, s'expriment.

Créateur mon frère, fais en sorte que ton état d'éphémère de sang et de chair ne prête pas une main à ceux qui, dans la saleté issue de leur être encombré, font des enfants des crucifiés. Créateur mon frère, de cette terre, la plupart des humains, tes faux frères, en font un lieu de misère où les deux tiers meurent sous les coups répétés, calculés, d'un tiers qui ne survit que parce qu'il est profiteur de misère. Créateur mon frère, rappelle-toi, souviens-toi de la petite fille qui, dans la forêt, cueillait des jonquilles, et n'oublie surtout pas que ton action ici-bas consiste à donner à boire à ceux qui, tout près de toi, ont soif, afin que le breuvage composé d'eau de source et de vin pur rende véritablement conscients ceux à qui, dans le ciboire, tu as offert à boire. Les rende conscients, Créateur mon frère, te dis-je, de toute la misère qui existe sur terre. Créateur mon frère, je te le répète, notre tâche d'éphémères doués consiste à faire de nos sœurs et de nos frères, qui vivent là tout près de nous, des êtres perpétuellement aux abois, des êtres capables d'engendrer d'autres êtres qui n'accepteront plus, par leur haute tenue, que la terre soit aux deux tiers inondée de misère. Créateur mon frère, je te le dis : c'est à cela que sert la lumière, la lumière sert à considérer les trois tiers afin que sur la terre soit reconstitué l'entier.

# CHANT 27

Clou mon frère fou, lors de ta naissance, le cordon ombilical te serrait la gorge : tu as failli en mourir. Mais, Clou mon frère, ce cordon, ce cercle de chair, c'est par lui que tu rejoins le créateur. Car, Clou mon frère fou, cette corde étrange qui étrangle les débuts est aussi une auréole, une aura : une aura, Clou mon frère fou, semblable à celle qui émane du créateur, ton frère.

Clou mon frère fou, il y a dans les chants des petits enfants, des accents troublants qui me font penser à tes propres chants ; comme eux, les petits enfants, Clou mon frère fou, tu as la faculté de tout donner dans un instant, c'est pourquoi ils ont fait des instants où ta démence t'empêche de chanter, une souffrance inhumaine, parce que vaines sont leurs façons de soigner. On ne peut pas demander aux pilules, aux ondes électriques, aux seringues hypodermiques d'avoir pitié. Clou mon frère fou, il existe dans tes chants quelque chose d'infime, mais ô combien sublime, qui a tout à voir avec les chants des petits enfants, parce que comme eux tu sais tout donner dans un instant.

⁂

Clou mon frère fou, tu es souvent victime de tes aberrances sexuelles qui viennent accentuer encore la douleur de ta démence. Clou mon frère fou, ils t'ont arrêté, enfermé, pour un viol, et pour cela, un instant, je t'ai méprisé, peut-être même que si je t'avais pris sur le fait, je t'aurais frappé. Mais tu m'as expliqué, Clou mon frère fou, que par le sexe tu cherchais à violer ta mère, dans le but qu'une femme te porte à nouveau dans son ventre neuf mois, afin qu'elle chante, lors de sa délivrance, un chant d'espoir profond, pour que tu renaisses sous un aspect autre que celui d'un bouffon. Clou mon frère fou, tu ne connais rien de la sublime douceur des cuisses d'une femme, parce que ton premier contact avec la chair de la femme ta mère, s'est fait sans que tu puisses véritablement sentir la douceur de l'intérieur des cuisses d'une mère, puisque par le cordon ombilical tu es né pendu, bancal. Clou mon frère fou, je t'aime, je te comprends parce que je sais que si tu avais rencontré durant ta vie une véritable mère, une compagne, une amante ou une sœur, tu ne serais pas enfermé dans cette cité peuplée d'âmes démentes qui, comme toi, Clou mon frère fou, cherchent à trouver parmi leurs errances, une âme assez dense pour être à la fois mère, femme, amante, sœur.

⁂

Clou mon frère fou, pour apaiser ton terrible malaise, mon cœur sent qu'il faut que je prenne une chaise, que je m'assoie et que j'ouvre grand mes bras pour que tu tu viennes, Clou mon frère fou, te blottir comme un enfant tout contre moi et que tu sentes enfin dans cette étreinte sans feinte des ondes d'amour, des ondes positives de mère qui, de toutes ses forces vives, donne le sein à celui qui en a besoin. Clou mon frère fou, si l'espace d'un instant, lorsque tu es sur mes genoux, je suis capable de te faire véritablement sentir la vie, comme une mère qui veut de toutes ses forces son devoir accomplir, je sais, Clou mon frère fou, que par cet allaitement tu pourrais véritablement guérir.

⁂

Clou mon frère fou, las de te parler sans obtenir de réponse, j'ai compris qu'il fallait, pour te toucher, chanter. C'est ce que j'ai fait, je t'ai chanté des berceuses que le présent m'inspirait directement, des berceuses que l'on réserve en principe pour le petit enfant. J'ai répété dix fois les mots qui chantent pour toi, au bout de la dixième fois, j'ai vu ton regard immense encore humide des larmes issues de ta dernière transe m'interroger sur les origines de ta naissance. Je n'ai pas répondu directement à ta question, mon cœur sent que j'ai fait mieux : je t'ai pris dans mes bras et ensemble nous avons dansé, chanté et ri. Au bout de quelque temps, tu m'as demandé d'arrêter la danse, parce que tu étais trop essoufflé, j'ai compris alors en voyant ton visage se crisper, comme celui du nouveau-né qui a du mal à se dégager d'un orifice trop petit pour lui, j'ai compris que lorsque tu rampes, terrassé par tes accès de démence, sur le sol qui, j'en suis sûr, dans ces moments durs, te paraît trop immense, tu poses, par ces reptations, l'ultime question : comment ai-je débuté ? A une question aussi clairement posée, Clou mon frère fou, je dois finalement répondre : tu as commencé ta vie par la souffrance, tu avais le cordon ombilical qui t'étranglait ; mais, Clou mon frère fou, malgré cette corde cynique, tu es capable, je le sens, de garder dans ton regard immense, des bribes uniques, inaccessibles à quiconque : des bribes véridiques de chants, de rires et de danses.

⁂

Clou mon frère fou, si ta voix, timidement, entonne une berceuse que ta mère, dans un instant de lucidité, te chantait lorsque tu étais petit, méfie-toi des êtres peu sincères qui t'incitent à chanter plus fort : parce que, sous leurs sinistres applaudissements, une fois de plus, en toi l'enfant meurt. Et pendant que le petit cadavre en ton intérieur se putréfie, te laissant dans la bouche des goûts atroces, ils t'incitent à chanter encore plus fort les chansons à la mode qui bercent leur torpeur jusqu'à ce que mort s'en suive. Clou mon frère fou, voilà ce qu'ils ont fait de ton chant : ils en ont fait une distraction vulgaire, afin de distraire leur état d'éphémère perpétuellement inconscient, inconsistant, inexistant. Clou mon frère fou, dans les villages d'antan, on respectait la folie ; maintenant, on l'incite à devenir de plus en plus intolérable. Clou mon frère de démence, que savent les fantômes à blouses blanches de la vie vécue par le fou entre deux pilules ?

⁂

Clou mon frère fou, ils t'ont toujours traité d'âne bâté, de bête dégénérée. Clou mon frère, la folie n'est pas rentable, et c'est pour cela qu'à la place d'être équitables, ils te forcent à absorber des pilules multicolores qui, au bout du compte, te rendent plus misérable encore. Clou mon frère, lorsque vient le soir terrible où les fantômes aux visages horribles viennent aggraver les tortures de la journée ; Clou, mon frère fou, toi qui là-bas, au fond de la nuit es enfermé, je sais que malgré cette prison inhumaine, tu es encore capable de chanter une petite chanson d'enfant, heureusement ! Parce que même si le petit chant ne dure qu'un instant, il est capable, pour une infime partie de temps, de chasser tous les fantômes.

Clou mon frère fou, je sais bien que les pilules, les fantômes et les monstres te fatigueront un jour à tel point qu'ils t'en feront perdre le peu de repos que te donnait la nuit, ta petite chanson d'enfant et qu'un matin, lorsque tu te lèveras la bouche empâtée par les drogues que de force ils t'ont fait manger, tu sentiras autour de toi un énorme vide. Clou mon frère fou, il te faudra alors attendre la nouvelle nuit pour voir s'il te reste suffisamment de vie ; pour murmurer le chant d'enfant, afin de retarder ton enterrement. Lorsque le jour viendra où après une dernière piqûre, le dernier souffle de ta bouche devenue amère s'exprimera, malgré que par faiblesse je n'ai pas été toujours près de toi, je sentirai, dans ce dernier souffle, comme un message porté par un oiseau tout blanc, un oiseau qui, dans le ciel, haut s'élevant, retracera en lettres de lumière, ces mots : malgré mon peu d'appétit à tout, malgré mes soifs jamais étanchées, malgré mes allures d'être profondément taré, tout ce que tu m'as dit de vrai, je l'ai senti, tout ce que tu m'as dit de vrai, je l'ai compris.

Clou, cela fait bien longtemps que je ne te vois plus, mais je ne peux pas m'empêcher d'apercevoir dans chaque aurore, ton rire désespéré : ton rire qui ne s'épanouissait pleinement que pendant les rares instants où tu retrouvais tes chants d'enfant.

## CHANT 28

Créateur mon frère, lorsque tu auras tout donné et qu'il ne te restera plus rien, tu posséderas alors le plus grand des biens : la perception réelle de l'aurore.

Créateur mon frère, même si tu as le privilège d'approcher tes lèvres de la source première, fais en sorte que, lorsque ton état d'éphémère se désaltère, il retrouve l'humilité, afin de goûter pleinement, Créateur mon frère, la saveur de toutes les choses créées.

⁂

Créateur mon frère, lorsque tu entends ton éphémère te murmurer le chant triste et amer du moi, ne t'attarde pas, ne perds pas ton temps à écouter ce chant : va plutôt, Créateur mon frère, à la recherche de la source première. Et lorsque tu l'auras trouvée, penche-toi vers elle, ou mieux, Créateur mon frère, couche-toi à terre afin d'être tout près de l'eau qui coule sur le ventre de ta mère ; si tu fais cela, Créateur mon frère, tu pourras voir disparaître dans les eaux de la source claire ton moi, puis naître de l'eau vive le fil de verre du Soi qui te relie à l'Univers.

⁂

Créateur mon frère, tu le sais bien, toi, que sans le cœur, nulle parole juste n'aurait été dite sur terre. Créateur mon frère, seul le cœur, lorsque par le verbe il s'exprime, est en harmonie avec les origines. Créateur mon frère, n'oublie pas que les battements de ton organe central sont sourds : sourds, parce que naturellement respectueux du silence.

⁂

Créateur mon frère, malgré les déchets nucléaires qui mettent en danger la terre, ta mère, je te dis : jamais ne désespère ! Car il existe des sources profondément souterraines, et ces sources, Créateur mon frère, sont capables de laver tout ce qu'il y a d'amer sur terre. Et si tu me répondais, Créateur mon frère, que le nucléaire peut tuer même la source la plus profondément cachée, je te dirais : à mille milliards d'années lumière existent des sources qui irriguent d'autres terres, d'autres terres, Créateur mon frère, absolument inaccessibles aux hommes, inaccessibles à leur contagion d'insectes sales qui se veulent intelligents, mais qui, en fait, ne sont pas dignes de la ruche, la ruche, Créateur mon frère, qui, elle, est capable de donner, malgré toutes les pollutions issues de leur monstruosité, un miel blond et entier. Et même, Créateur mon frère, si par contagion, par empoisonnement, quelques essaims meurent, mieux vaut mourir que de transmettre l'impur et le malsain. Créateur mon frère, essaie de faire comme la ruche : ne vis que pour une transmission parfaitement saine. Créateur mon frère, fais en sorte que ton caractère te conduise dans des contrées mellifères, parce que dans ces contrées-là, il est certain, Créateur mon frère, que tu respecteras pleinement le don que t'a fait Dieu ton père, ton génie.

⁂

Créateur mon frère, lorsque de ton cœur s'écoule une larme, fais en sorte que, lorsqu'elle passe devant la lumière, ton œil s'agrandisse au plus, afin d'y voir l'X chanter avec une voix de source primordiale.

⁂

Créateur mon frère, le don que t'a fait Dieu ton père, ton génie, te permet d'élever le mot par la magie de la poétique, au niveau du symbole. C'est pour cela, Créateur mon frère, qu'il t'est permis, durant ta vie de phénomène doué, de boire à la coupe où la lie vient d'abord et, une fois cette amertume passée, de trouver au fond du calice, l'unique breuvage né de l'Aurore qui, par la magie de l'or potable, désaltère totalement.

*
**

Créateur mon frère, ton génie ne serait que triste misère si, durant ta vie, tu n'avais rencontré des êtres sincères qui, avec toi, ont chanté, et chantent toujours, l'hymne à l'Unité, par la sincérité commune retrouvée.

*
**

Créateur mon frère, ton cœur le sent, il te faut beaucoup souffrir pour exister. Mais surtout, Créateur mon frère, ne récupère pas ces paroles pour en faire des larmes amères, versées sur ta difficulté quant à assumer ton état de phénomène duel. Créateur mon frère, si tu veux mourir au deux pour rejoindre l'UN, il te faut élever ton état de phénomène au niveau de la source qui coule tout près de la terre ta mère. Créateur mon frère, seul le respect sincère de la terre ta mère peut faire de ton état duel une unité couronnée par la Lumière Universelle.

*
**

Créateur mon frère, tu le sais bien, toi, que les sources qui coulent au pays grec ont pour les palais véritablement délicats, des saveurs de thym, de fenouil, de romarin, de sauge, de lavande et de jasmin.

*
**

Créateur mon frère, que sais tu du cri que pousse le nouveau-né lorsqu'il sort de sa nuit : sa nuit qui est peut-être lumière.

Créateur mon frère, si tu ne sais pas sentir le cri du nouveau-né qui fait vibrer l'air, ne cherche surtout jamais par compensation, à l'expliquer. Créateur mon frère, fais en sorte d'être, pour assister à la sublime délivrance du nouveau-né, dans un état premier, et si, Créateur mon frère, tu es dans cet état de lumière, juste au moment où les petits poumons s'empliront d'air, tu seras en mesure, Créateur mon frère, de crier fort, en harmonie avec ce début de vie.

Créateur mon frère, n'oublie jamais que la naissance d'un éphémère fait de sang et de chair est toujours une grande première.

***

Créateur mon frère, lorsque pour toi ton propre écho ne sera plus audible, il pourrait bien alors se faire qu'au plus profond de toi, vagisse l'appel du nouveau-né.

***

Créateur mon frère, comme le lion qui s'arrête au moins une fois par jour pour contempler le soleil, comme le loup qui hurle dans la nuit profonde pour appeler la lumière, comme l'aigle prisonnier enfermé par les mains sales de l'homme, érigées en barreaux : Créateur mon frère, comme tous ces fauves, fixe la vie d'un regard fier. Créateur mon frère, que tu sois en prison victime des ombres, ou en pleine lumière, garde ton savoir-faire qui t'a été inspiré par Dieu ton père. Créateur mon frère, ne laisse pas les éphémères sales dresser entre toi et la vie une barrière opaque. Créateur mon frère, saute, bondis par-dessus l'ombre, par-dessus le sombre, afin d'être en mesure, Créateur mon frère, de percevoir pleinement le cercle débordant de lumière, de percevoir, Créateur mon frère, au plus profond de toi, la source imprégnée d'Aurore : la source première.

***

Créateur mon frère, si tu veux que véritablement danse, chante et rit ton état d'éphémère, fais en sorte d'être une source cachée au plus profond de la terre : une source qui, malgré l'obscurité, reçoit la lumière.

*
**

Créateur mon frère, lorsque tu prêches dans le désert, tu t'adresses à la solitude, au sable, au vent, au soleil et à l'eau : à l'eau que tu imagines, mais qui rarement te désaltère. Créateur mon frère, je te le dis, il existe une source écarlate, à laquelle, si tu sais dépasser ta solitude, malgré tout complaisante, tu pourras boire. Et cette source-là, Créateur mon frère, vivra et se perpétuera dans chaque être que tu sauras aimer. Créateur mon frère, n'oublie pas que ses pièges les plus terribles, Dieu les tend aux êtres supérieurement doués et c'est équitable, Créateur mon frère.

*
**

Créateur mon frère, as-tu déjà observé l'eau de la source lorsque, sur une pierre, elle se heurte violemment et que les gouttes de l'élément viennent en pluie très fine désaltérer la primevère qui, ravie par tant de fraîcheur, ouvre au plus ses pétales aux gouttes de source issues d'un heurt. Créateur mon frère, sois comme l'humble fleur : sache t'ouvrir à tout ce qui a une véritable valeur, car, Créateur mon frère, tout ce qui est vrai, profondément désaltère. Créateur mon frère, ta soif d'éphémère doué ne pourra véritablement se satisfaire que si ton cœur sait percevoir des sources jaillies d'autres mondes. Mais, Créateur mon frère, n'oublie pas pour autant que sur terre existe l'eau première et que si je t'ai incité à boire aux sources jaillies d'autres sphères, ce n'est certes pas, Créateur mon frère, pour te décourager de chercher et de trouver sur la terre, ne serait-ce qu'une goutte d'eau, semblable, par sa nature profonde, à tout ce qui, dans l'immensité, s'écoule en ondes fécondes.

***

Créateur mon frère, sois simple : ne fais pas tien le principe de garder, durant ta vie d'éphémère, dans ta bouche un goût amer. Vois plutôt, Créateur mon frère, du côté de la ruche sombre, d'où jaillit le miel d'or. Car, Créateur mon frère, cette substance quintessenciée est capable, si naturel tu as su rester, de profondément te désaltérer, d'enlever de ta bouche toutes les amertumes.

***

Créateur mon frère, lorsque des mains de mère tendront vers toi le nouveau-né, courbe ta superbe et vois si dans le premier cri poussé à l'aube d'une vie, tu es en mesure de retrouver le son de ta propre voix.

***

Créateur mon frère, un corps imprégné de terre et de vers peut être le point de rencontre de toutes les sources de l'Univers.

***

Créateur mon frère, si le don que t'a fait Dieu ton père, ton génie, t'oblige parfois à vivre dans le désert : dans cette solitude inhumaine, si c'est véritablement le soleil strident qui te mène, tu rencontreras d'autres solitaires qui, comme toi, cherchent la lumière. Et, Créateur mon frère, si ensemble vous savez comme les petits enfants faire la ronde il pourrait bien alors se faire qu'au centre du cercle jaillisse une source et si cela est, Créateur mon frère, ensemble, toi et tes frères solitaires, vous deviendrez des fertiliseurs de déserts.

***

## CHANT 29

Créateur mon frère, tu es un boiteux qui sautille vers la lumière ; mais boiter de cette façon-là, Créateur mon frère, c'est danser une danse première.

Créateur mon frère, danser, chanter et rire, c'est faire la fête pour honorer le non-finir.

⁂

Créateur mon frère, tu es un clown au visage noir, blanc, rouge et vert. Mais le clown que tu es, Créateur mon frère, sait rire, chanter et danser sans jamais avoir appris. Créateur mon frère, tu es un pitre déguisé qui nous apporte le grand rire en nous prouvant par la danse, le rire et le chant, que l'on peut faire d'une fragilité d'éphémère, une vie perméable à la lumière.

⁂

Créateur mon frère, génie ne s'accordera en toi avec infini que si tu sais faire de ton état d'éphémère une fragilité apte à danser avec force, sagesse et beauté.

⁂

Créateur mon frère, lorsque ton génie par moments te réduit à l'état de bête traquée que seule une ultime ronce semble protéger : Créateur mon frère, lève les yeux pour voir si la dernière larme issue de ton cœur ne te fait pas percevoir une lueur qui t'invite à t'affranchir de la pesanteur. Et, Créateur mon frère, si par cette vision claire, moins pesant tu deviens ; comme un petit enfant, prends un de ceux que tu aimes et qui t'aiment par la main et danse. Puis, lorsque le cercle sera renforcé par tous ceux qui, comme toi, ont soif d'unité, incite le cercle à tourner et, lorsque la ronde tournera bien, fais passer, Créateur mon frère, par l'intermédiaire de tes mains, des vibrations affranchies de toute pesanteur.

⁂

Créateur mon frère, tu es un danseur capable de réunir par ton chant, ta danse et ton rire : sagesse et folie.

*
**

Créateur mon frère, en plein milieu de la piste inondée de lumière, s'exhibe un pitre à l'habit pailleté d'or ; il arrive parfois, Créateur mon frère, que le pantin se trompe et qu'inconsciemment, il remplace son arme de cirque par un poignard vrai. Et, lorsqu'il s'est porté le coup, le sang chaud et véritable qui jaillit de son corps le hausse, ce pantin lamentable, bien plus haut que son habit d'or. Par cette mort inconsciente et ô combien volontaire, le pitre éphémère s'élève au niveau de ceux qui savent mourir par le chant, la danse et le rire, afin de renaître UN par la magie de l'osmose, dans le cercle de lumière.

*
**

Créateur mon frère, ne rougis pas de ton état de fou, car il a bien fallu que Dieu ton père soit fou pour te confier une tâche aussi disproportionnée, que celle qui incombe à tous ceux qui doivent faire de leur misère, une lumière. Créateur mon frère, tu le sais bien, toi, que dans la folie vit la sagesse et qu'être fou de Dieu, c'est aussi être médium sur terre : un médium conscient, capable de transmettre par le rire et le chant, la sagesse qui danse.

*
**

Créateur mon frère, en pleine forêt existe une clairière tapissée de bruyère où vit une petite fille. Créateur mon frère, pars à la recherche de cette clairière et, lorsque tu l'auras trouvée, attends que la petite fille vienne vers toi et, si elle daigne se montrer, agenouille-toi pour être à la hauteur de la petite fille qui vient te parler de chant, de danse, de sources et de fleurs. Puis, lorsqu'elle t'invitera à danser, hâte-toi d'accepter, tout en restant dans cette position inconfortable de cul-de-jatte.

Créateur mon frère, danse avec la petite fille, danse à son niveau : son niveau, Créateur mon frère, que même si tu forçais ta carcasse de phénomène à se hausser sur la pointe des pieds, tu n'atteindrais jamais. Créateur mon frère, ta danse d'infirme avec la petite fille est la seule digne. Créateur mon frère, danse, danse en boitant sur tes genoux blessés et, si tu supportes la douleur sans faiblir, tu pourras voir dans ce ballet ton état d'infirme se transformer sous la lueur vraie du regard de la petite fille, se transformer en un état de grâce. Créateur mon frère, ce que je viens de te dire, il n'y a pas plusieurs façons de le saisir : pour véritablement savoir danser, il faut avoir pour professeur de danse un être pur, compagnon des sources et vivant dans la forêt immense. Créateur mon frère, seuls ceux qui ont appris la danse de cette manière sont capables de saluer l'Aube et de sentir ainsi ce qu'est véritablement un jour qui débute.

⁂

Créateur mon frère, si un jour la vie te semble par trop amère, bois la coupe de ton éphémère jusqu'à la lie et si tu fais cela, Créateur mon frère, il pourrait bien alors se faire que naisse en toi le désir fort du chant, de la danse et du rire : il pourrait bien alors se faire, Créateur mon frère, qu'après cet acte libérateur qui mène au non-finir, tu trouves l'inspir sans expir.

⁂

Créateur mon frère, tu es un danseur et c'est juste que tu le sois, parce qu'en te créant, Dieu t'a donné le mouvement : mouvement que tu ne peux volontairement arrêter, sous peine de mourir définitivement. Créateur mon frère, tu te dois de faire de ce mouvement premier un rythme, un rythme qu'il te faudra accélérer jusqu'à atteindre la vitesse de la lumière. Une fois atteinte, cette vitesse prodigieuse, qui n'est prodigieuse que pour ceux qui ont la prétention de résoudre des énigmes qui, en fait, ne sont jamais percées, parce que dans leurs équations, toujours la donnée essentielle est oubliée ; Créateur mon frère, ne t'attarde pas sur les chimères issues des têtes qui sans cesse projettent leurs limites, Créateur mon frère, tout en restant à terre, envole-toi à la vitesse de la lumière et ris de toutes tes forces au cours de la terrible ascension, ris, Créateur mon frère, de ce que les éphémères sur terre ont appelé : relativité.

***

Créateur mon frère, si tu as le bonheur de savoir danser sans jamais avoir appris, il pourrait bien alors se faire que ta danse soit en harmonie avec le jour, comme avec la nuit.

***

Créateur mon frère, dans tes rêves les plus amplificateurs, tu ne trouveras jamais la parcelle de lumière qui fait de ta vie consciente un rêve éveillé, qui transcende tous les rêves nocturnes que ton être se contente de subir. Créateur mon frère, après ces mots, ne m'insulte pas, ne me traite pas de tueur de rêves. Créateur mon frère, tu es un habitué du paradoxe et la force de vie qui nous est commune est épreuve, et de ce dialogue qui peut prétendre à l'unité, je te dis, mon frère, rêve endormi ou rêve éveillé, mais que ce soit dans le nocturne ou le diurne, ne passe jamais à côté de la lumière qui, par ce beau jour de printemps où je t'ai rencontré, Créateur mon frère, nous a fait danser.

⁂

Créateur mon frère, lorsque le soleil s'est couché et qu'il ne reste plus pour t'éclairer dans la nuit que ta propre lumière, ne te prends surtout pas pour une étoile, Créateur mon frère, mais danse, chante et ris pour voir : pour voir si l'ensemble t'intègre dans la ronde des étoiles multicolores.

⁂

Créateur mon frère, n'écoute pas ceux qui font ton apologie, même s'ils sont sincères : trouve plutôt le signe de ta transmission réussie dans le rire, le chant et la danse de ceux qui, las des paroles devenues vulgaires, s'expriment en te répondant, Créateur mon frère, par des gestes de danse, si denses, qu'ils sont en harmonie avec le mouvement des vagues immenses. Créateur mon frère, ceux qui savent te répondre en dansant, en chantant et en riant sont des combattants qui chassent l'ombre, dans le but essentiel qu'un dialogue entre vous soit placé sous le signe de la lumière : la lumière qui, par sa puissance, oblige l'être à exprimer, bien au-delà des habitudes rusées, le sincère.

⁂

Créateur mon frère, je te sais suffisamment courageux pour danser sur la lave du volcan, mais ce que mon cœur sent de te dire, c'est qu'il est inutile de te brûler les pieds : danse plutôt sur la terre ferme et vois si tes bonds atteignent un niveau suffisant pour te passer de l'artifice. Créateur mon frère, pour danser véritablement, il ne faut pas être motivé, mais inspiré.

⁂

Créateur mon frère, même si ton cœur s'exaspère jusqu'à en mourir lorsque tu essaies de transmettre aux éphémères des battements de vie réelle, ne te laisse pas pour autant aller au désespère. Créateur mon frère, même si la plupart ne sont pas profondément sincères, comme tu essaies de l'être, penche-toi malgré tout vers eux pour tenter d'éveiller le feu : le feu sans lequel jamais ils n'auraient pu naître. Créateur mon frère, ne rougis pas de ta sincérité, même si pour ton fragile état d'éphémère doué, elle exagère. Créateur mon frère, malgré les angoisses inhumaines, les tortures insupportables que t'inflige l'inconscience de ceux qui soi-disant ont repris connaissance, ne te laisse pas aller aux méditations amères : vois plutôt dans le regard de celui qui par faiblesse s'abandonne la réminiscence simple du regard du nouveau-né qu'il a été. Créateur mon frère, n'oublie jamais que tout a commencé par un début et que ta tâche sur terre c'est d'essayer de trier parmi tous les nouveau-nés vieillis ceux qui ne sont pas velléitaires. Créateur mon frère, il existe des contrées inexplorées que ton cœur sent, des contrées où il fait bon chanter, rire et danser. Alors, Créateur mon frère, si ton être a profondément senti ce pays de lumière, fais quelque chose de ton état d'éphémère doué. Créateur mon frère, il te faut enseigner, et ce en pleine lumière, la danse, le chant et le rire qui existent et s'expriment au plus dans les contrées immenses que seul ton cœur a senties. Créateur mon frère, lorsque je te dis que seul ton cœur a senti ces contrées ce n'est pas pour t'inciter à l'égocentrisme d'où sont nés tous les « ismes » ; mais, Créateur mon frère, si je te dis cela c'est pour qu'à force de travail intense effectué sur ta carcasse, à la fois petite et immense, tu puisses donner dans un éclair à ceux qui souffrent le sentir de l'Aurore éclaboussante de lumière.

Créateur mon frère, lorsque du plus profond de ton être monte un cri rauque qui appelle, qui incite les multitudes à ne faire qu'UN : de peur, Créateur mon frère, que le cri issu du gouffre ne perde de sa force en arrivant à l'air, joins au verbe qui déchire, Créateur mon frère, la danse qui, elle aussi, sait dire.

⁂

Créateur mon frère, si un jour on te pose la question : crois-tu en Dieu ? Ouvre grand tes bras, danse, chante, ris, et si celui qui t'a posé la question te dit que tu ne lui as pas répondu, dis-lui : si Dieu n'existait pas, qui aurait impulsé mon chant, ma danse et mon rire pour qu'ils atteignent ce niveau-là. Et puis, Créateur mon frère, si l'autre se trouve insatisfait de ta réponse, n'ajoute rien : mais ouvre encore plus grand tes bras et, Créateur mon frère, envole-toi !

⁂

Créateur mon frère, tu le sais bien toi qu'aimer Dieu, ce n'est pas parler métaphysique. Aimer Dieu, ce n'est pas appeler les êtres qui vivent dans le monde intermédiaire. Aimer Dieu, Créateur mon frère, ce n'est pas amenuiser son moi jusqu'à l'ascétisme : aimer Dieu, c'est, avec humilité et fierté, faire de son état de phénomène un corps de danseur qui sait aussi chanter et rire. Créateur mon frère, n'oublie jamais ! c'est la métaphysique et tous les mots vides de ce genre qui la plupart du temps trahissent Dieu ton père. Créateur mon frère, méfie-toi du discours, préfère aux mots qui s'alignent la danse, le rire et le chant : le chant dédié à l'Etre digne par excellence, tu as compris, Créateur mon frère, je veux parler du chant dédié à Dieu notre père. Créateur mon frère, ne gaspille pas ta vie pour l'anecdote ; mais donne toute ta vie, corps et âme, afin qu'à travers toi, à l'aube de ta renaissance, passe la lumière.

Créateur mon frère, soleil et lune sont pour toi frère et sœur : la lune te donne la sensibilité remplie d'esthétisme qui fait, Créateur mon frère, que tu es femme, quant au soleil il te donne la force de la lumière qui te fait, Créateur mon frère, homme.

Mais, Créateur mon frère, si ton cœur sent la ronde du soleil, de la lune et de toi-même, ronde par l'univers impulsée : Créateur mon frère, lorsque le tourbillon atteindra la vitesse de la lumière, les trois ne feront plus qu'UN. Créateur mon frère, si tu es véritable, c'est-à-dire si nous sommes vraiment frères dans la création, comme moi tu sauras que la petite fille à la tête couverte de violettes, de jacinthes et de jonquilles, tu sauras, te dis-je, Créateur mon frère, que cette toute gentille, lorsqu'elle danse au printemps, danse pour toi. Créateur mon frère, comme toi la petite fille est perméable à la lumière.

***

Créateur mon frère, afin que nous puissions véritablement dialoguer, il nous faut désapprendre le parler, pour laisser notre cœur nous enseigner le chant, la danse et le rire. Et si nous faisons cela, Créateur mon frère, nous pourrons ensemble, par le chanter, le danser et le rire, dialoguer en pleine lumière sur le non-finir.

***

Créateur mon frère, il y a plus de vérité dans le balbutiement de l'enfant qui s'exprime avec son cœur neuf, qu'il n'y en a dans toutes les philosophies inventées par les hommes. Créateur mon frère, lorsque l'enfant te fait l'honneur de te parler, écoute-le : écoute-le bien et si véritablement tu es attentif, tu sentiras alors ton cœur danser, chanter et rire sur le rythme désencombré né du véritable début qui transmet ; qui te transmet, Créateur mon frère, des balbutiements remplis d'ombre et de lumière qui te chantent, Créateur mon frère, le premier chant de la vie, chant, Créateur mon frère, qui te demande de transmettre ce qui est issu du véritable début. Créateur mon frère, l'enfant et toi vous êtes frères et la meilleure preuve c'est que tous deux vous savez rire, danser, pleurer, prier sans jamais avoir appris.

⁂

Créateur mon frère, ne cherche pas à savoir d'où tu viens, qui tu es, où tu vas : tends plutôt de toutes tes forces vers la vie et si véritablement tu es capable, sans te poser de question de chanter, de danser et de rire, ton cœur accéléré par le rythme de ces exercices divins répondra aux questions que tu auras eu la sagesse de ne pas formuler, en te faisant sentir la beauté de ton être tout entier.

⁂

Créateur mon frère, ne pleure pas sur ton état d'éphémère : fais mieux, danse-le. Comprends, Créateur mon frère, tout le profit que tu peux tirer de la danse, tout le profit que tu peux tirer du subtil lorsque, par le chant inspiré, il se dégage de l'épais. Créateur mon frère, si tu es capable de comprendre cela, tu sauras ce que veut dire rire d'un rire non empêché.

⁂

Créateur mon frère, quelqu'un t'a dit : compte de un à dix pour rejoindre l'Unité. Et toi, Créateur mon frère, toujours rebelle, au lieu de compter tu as dansé ; et lorsque ton pas a retrouvé la légèreté du pas de l'enfant, de ton pied le cercle tu as bouclé.

# CHANT 30

Clou mon frère fou, il y a dans ta démence des éclats de rire, de chant et de danse, que même tes plus atroces souffrances n'arriveront pas à exterminer : ce qui est, EST.

Clou mon frère fou, je te cherchais un jour dans la pièce blanche sans fenêtre, où sans cesse sur ta vie tu te penches, et comme à hauteur d'yeux je ne t'ai pas trouvé, ressentant le vide de la pièce, il m'est venu à l'idée de baisser les yeux sur le plancher où je t'ai découvert à plat ventre : les deux bras en croix, en t'impulsant de ta jambe droite, tu tournais... Pour véritablement te rencontrer, je me suis agenouillé ; mais sentant que ce geste n'était pas suffisamment humble, je me suis étendu sur le sol comme toi, Clou mon frère, et c'est à ce moment qu'en apercevant l'araignée j'ai compris. J'ai compris que tu dansais, Clou mon frère fou, avec l'insecte que la plupart disent répugnant.

Clou mon frère fou, conscient de la gravité de ce ballet étrange et infime, afin de ne pas vous déranger, sans bruit je vous ai quittés.

⁂

Clou mon frère fou, tu le sens bien toi qui perpétuellement souffres que, dans la démence, on peut découvrir des choses immenses.

Clou mon frère, oublie ce qu'ils appellent décence, afin de faire de ta vie une danse, une danse folle, Clou mon frère, qui, par son intensité dans le présent vibré, sera, pour celui qui sait voir, une parabole : une parabole issue de la suprême synthèse des choses folles.

⁂

Clou mon frère fou, c'était un jour bien sombre pour toi. Les fantômes en blouses blanches s'étaient groupés en cercle, un cercle dont tu étais le centre, l'objet, le prétexte. Ils ont porté sur toi maints diagnostics, signe de leurs propres tics ; las d'être emprisonné dans ce cercle infernal, las de leurs sinistres palabres, tu fus pris d'un malaise tellement profond, tu avais tellement mal, que tu t'es précipité sur les fantômes pour briser leur cercle infernal. Une fois hors du cirque tragique, de toutes tes forces, tu as appelé au secours et lorsque devant toi je me suis présenté, moi qui venais de l'extérieur, comme si ma présence t'avait fait tout oublier : tes transes et les blouses blanches, tu t'es mis à chanter, et moi, sur le même ton que toi, j'ai chanté aussi. Mais comme le chant n'avait pas la possibilité de mettre une distance suffisamment grande entre nous et le cercle infernal, pour vaincre notre profond malaise, nous avons ensemble ri, et, trouvant le chant et le rire insuffisants, à grands pas légers nous nous sommes éloignés du cercle indigne en dansant. Tu t'en souviens, Clou mon frère fou, nous avons ce jour-là, pour mettre suffisamment de distance entre nous et ceux qui ont la prétention de vouloir soigner la démence, effectué une danse. Clou mon frère fou, tant que nous serons capables tous les deux de chanter, de danser et de rire, rien ni personne ne pourra nous imposer notre « fin ».

⁂

Clou mon frère fou, un fantôme à blouse blanche m'a dit un jour : « Ne faites pas l'apologie de la folie, vous ne savez pas ce que c'est. » D'une voix calme, je lui ai répondu : « Ensemble, nous ne pourrions jamais danser, chanter et rire, parce que tu n'es qu'un petit fou qui a la prétention de soigner ; mais en fait, tout ce que tu peux dire est sans consistance, car tu n'as jamais su discerner dans la folie des grands fous : l'Unité, le Tout. »

⁂

Clou mon frère fou, c'était lors d'une de mes visites, je t'ai trouvé assis en plein milieu de la cour, une cour vide, limitée par des murs énormes et lourds. Surmontant mon angoisse, j'ai fait de nombreux pas afin de traverser l'espace immense qui nous séparait : espace immense tant la vie en était absente. Puis tout près de toi, Clou mon frère de démence, je me suis approché et, te voyant comme paralysé, figé, fixé sur ton siège qui se dressait comme un piège, je t'ai dit dans le but d'une thérapie immédiate et irréfléchie : « Lève-toi ! » Alors ton regard quittant sa fixité s'est tourné vers moi, tes lèvres ont remué pour me dire : « Je ne peux plus marcher. » Vu l'amour, Clou mon frère fou, que j'ai pour toi, ça m'a fait très mal et, comme mû par un réflexe, je t'ai pris dans mes bras et avec brutalité t'ai arraché de ton siège. J'ai fait cela, Clou mon frère, parce que je ne voulais pas que ce fauteuil devienne pour toi cercueil. Ton corps paralysé tendu vers la pesanteur, ce corps de douleur, une première fois je l'ai soulevé bien au-dessus du sol ; mais le fardeau pour moi devenant trop lourd, dans un ultime effort, j'ai levé plus haut encore. Tu étais bien dans cette position-là à plus de deux mètres du sol et tu criais de peur. Brusquement, j'ai laissé tomber mes bras, je t'ai lâché, j'ai vu tes jambes fléchir, ton dos se faire rond et ta tête cogner brutalement contre le sol. Malgré le choc, j'ai tout de suite vu que tu n'étais que très légèrement blessé ; avant que j'aie le temps de me diriger vers toi pour t'aider à te relever, d'un bond terrible sur tes deux jambes, tu t'étais dressé. Une fois debout, tu t'es dirigé vers moi en ouvrant grand les bras pour m'enlacer, afin qu'ensemble dans le présent, bien au-delà du futur et du passé, nous rendions hommage à la vie par le chant, la danse et le rire.

⁂

Clou mon frère fou, si mon cœur est encore capable aujourd'hui de danser, c'est parce que j'ai compris enfin toutes les souffrances que te fait subir ta démence. J'ai compris, Clou mon frère fou, en te fréquentant longtemps que l'amour né de tes horribles souffrances est pur. Tu m'as appris, Clou mon frère de démence, à m'approcher de ce qu'ils appellent « outrance » par le chant, le rire et la danse. Tu m'as appris, Clou mon frère fou, à moins réfléchir, à vivre plus, même si cette vie que tu m'as fait percevoir comprend les plus cruelles souffrances. Clou mon frère fou, ce que tu m'as fait sentir là est immense.

⁂

Clou mon frère fou, ils t'ont enfermé dans un asile en te considérant avec condescendance comme sur terre ce qu'il y a de plus vil. Ils ne t'ont jamais pardonné, Clou mon frère, ton improductivité et la soupe qu'ils te donnent comme une aumône, ils te la font payer cher ; parce que, Clou mon frère fou, après chaque repas, ils t'offrent le digestif, mais cette liqueur-là se présente sous forme de pilules bleues, jaunes, vertes ou roses, et en absorbant cet alcool bizarre, Clou mon frère, tu meurs un peu plus chaque jour.

Clou, durant ta vie d'éphémère torturé, ils t'ont fait beaucoup de misères. Mais je sais bien, Clou mon frère, que, durant ta vie d'incarcéré torturé, tu sais par instants véritablement percevoir la lumière.

Clou mon frère, je ne sais pas sur quelle rive erre par moments ton âme maladive, mais ce que mon cœur sent, c'est que tous les deux, êtres de chair ayant beaucoup souffert, nous nous retrouverons un jour qui durera mille, cent mille, un million d'ans et qu'illuminés par cette aube absolue, nos corps torturés seront alors libérés. Clou mon frère fou, mon cœur sait que nous danserons un jour une danse si forte qu'elle nous fera tourbillonner : et dans ce tourbillon, nous oublierons les pauvres têtes mortes qui, pendant bien longtemps, ont été nos seules compagnes. Clou le fou, tous les deux nous sommes NOUS et ce sentir d'union profond peut nous amener, malgré la torture cruelle que subissent nos corps et nos âmes qui saignent, à dépasser l'impasse qui, si nous n'avions pas su danser, chanter et rire, aurait fait de nos deux vies des poupées horriblement grimées, disloquées, écartelées : des poupées définitivement lasses.

## CHANT 31

Créateur mon frère, le pâle sourire du philosophe n'atteindra jamais l'intensité de l'éclat de rire du naïf qui sent, voit, danse et prie.

Créateur mon frère, joins tes deux mains de chair afin que naisse, de l'extrémité de tes dix doigts réunis, une étincelle bleue aux reflets d'infini.

⁂

Créateur mon frère, le fait que nous soyons UN dans la lumière nous incite à lever les yeux bien haut pour remercier Dieu : Dieu, Créateur mon frère, qui nous aide à faire de nos vies un perpétuel tendre vers.

⁂

Créateur mon frère, le vin, boisson aux reflets profonds de rubis, tombe souvent dans un creuset impur : rares sont ceux, Créateur mon frère, qui ont le droit de boire la source issue du grain de raisin catalysée par le soleil et imprégnée des essences de la terre. Créateur mon frère, boire le grand vin pur, c'est communier d'une façon adogmatique avec l'essentiel issu de la terre et du soleil. Créateur mon frère, si un jour dans un sentier tu rencontres un ivrogne à la face rouge et aux propos obscènes, ne sois pas triste, mais dis-toi, Créateur mon frère, que cet éphémère vulgaire ira sous peu enrichir la terre ta mère qui, dans son sein, purifie tout, y compris les médiocres les plus corrompus.

⁂

Créateur mon frère, lorsque tes pas te conduiront sur des sentiers amers, fais en sorte de ne pas passer à côté de la petite fille qui naturellement se penche pour cueillir des jonquilles. Créateur mon frère, pour respecter le don que t'a fait Dieu ton père, ton génie, tu te dois de ne jamais passer à côté de tout ce qui, d'une façon adogmatique et naturelle, prie.

⁂

Créateur mon frère, pour que ton cœur puissant repousse avec tant de force toute la saleté par cette condition médiocre accumulée, il a bien fallu, tu m'entends, que cette force te soit donnée. Créateur mon frère, viens près de moi, unissons-nous, tendons nos mains jointes ; rendons ensemble hommage à Dieu notre père qui sans cesse nous crie : « Mourez aux ténèbres, afin de renaître à la vie ! »

⁂

Créateur mon frère, si par bonheur tes gestes effrénés de pantin, par le spectacle incité, se transformaient un jour en force solaire et créatrice, ne te prosterne pas pour remercier ; mais debout, avec fierté et humilité, rends hommage à Dieu qui t'a créé. Et si cette prière sublime te fait pleurer, Créateur mon frère, ne t'arrête pas à cette émotion-là : tire de ton dialogue avec le Divin un enseignement et si tu fais cela, Créateur mon frère, il se pourrait bien alors que tu puisses regarder la lumière en face. Mais n'oublie pas pour autant, Créateur mon frère, que si, l'espace d'un éclair, tu as pu regarder la lumière sans devenir aveugle, tu peux faire mieux, tu peux, Créateur mon frère, faire progresser ton état d'éphémère vers la lumière les yeux mi-clos, afin de pouvoir bien saisir dans cette pénombre chaque marche du grand escalier : escalier qui mène, Créateur mon frère, au seuil des Aurores pleines.

⁂

Créateur mon frère, malgré ton génie, tu restes phénomène et si ton état de médium te fait percevoir des monstres vivant dans le monde intermédiaire, Créateur mon frère, même si un de ces monstres, le plus redoutable de tous, celui horrible et rusé qui sans cesse cligne de l'œil, de son œil unique te fixe, reste simple, tends ta main droite et fais le signe de la croix pour appeler la lumière : la lumière, Créateur mon frère, qui, elle seule, est capable de chasser tous les monstres issus du monde intermédiaire.

⁂

Créateur mon frère, si ton génie, don de Dieu, ton père, n'était qu'illusion, tu n'aurais jamais senti avec cette force qui nous est commune les odeurs multiples et UNE du printemps qui montent, avec une égale force, aussi bien vers le soleil que vers la lune.

⁂

Créateur mon frère, lorsque tu sentiras ton état d'éphémère sur le déclin, va dans la forêt profonde et couche-toi sur un lit de bruyère. Puis, Créateur mon frère, honore la nature tout entière par une prière adogmatique et laisse le temps faire : laisse le temps faire de toi une décomposition destinée à rendre plus intense le mauve de la bruyère.

⁂

Créateur mon frère, la plus belle prière que tu puisses faire à Dieu ton père peut s'exprimer ainsi : mon Dieu, envers et contre tout ce qui peut abîmer mon état de phénomène, par mon dualisme agressé, laisse-moi trouver sans chercher la force qui me permettra de surmonter le duel, pour atteindre l'éternel.

⁂

Créateur mon frère, lorsque, à la lueur d'une bougie, tes mains, par la flamme attirées comme des mains d'enfant, se dressent pour attraper la lumière, ne va pas jusqu'à te brûler ; laisse plutôt tes mains tourner de droite à gauche. Créateur mon frère, devant la lumière, fais les marionnettes et vois dans les petits personnages dessinés par tes mains, vois, Créateur mon frère, pénétrer la lumière. Créateur mon frère, ne confonds surtout pas gravité et sérieux : tu te dois d'être grave, mais jamais sérieux. Créateur mon frère, si tu comprends bien ce que je viens de te dire, devant la flamme qui émane de la bougie, délicatement tu tendras tes mains et sans réfléchir tu les feras tourner de droite à gauche : comme le tout petit enfant, Créateur mon frère, tu feras les marionnettes devant la lumière.

***

Créateur mon frère, Dieu parfois envoie ses fils sur terre, lorsqu'Il fait jaillir sur notre planète infime quelques Fleurs Sublimes. Créateur mon frère, ne cherche jamais à expliquer l'inexplicable origine de ces Etres ineffables ; mieux que de bavarder sur leur compte, essaie de transcender par la prière, la honte. La honte, Créateur mon frère, que doivent avoir les êtres de chair et de sang conscients que la plupart de l'humanité passe à côté de la lumière, lorsqu'Elle se manifeste par ceux qui savent faire le geste, le signe de la croix ; la croix du centre de laquelle des vibrations appellent avec Force, Amour, Sagesse, Beauté, tous ceux qui sont restés suffisamment vivants pour faire à l'ultime moment le geste qui sauve. Créateur mon frère, celui qui sur terre ouvre grand ses bras ne connaîtra jamais le trépas : c'est comme cela, Créateur mon frère, c'est comme cela parce que, pour recevoir l'Unité, il faut s'ouvrir tout entier et lorsqu'on est ouvert sur l'UN, il n'est plus possible de finir, c'est ce que nous pourrions appeler, Créateur mon frère, la non-mort par perméabilité.

⁂

Créateur mon frère, si la compagne que tu as choisie est pour toi une pythie, tu te dois pour être équitable envers elle d'élever vos deux fragilités d'éphémères à un niveau où l'on commence à percevoir consciemment la lumière.

⁂

Créateur mon frère, si tu le veux bien, ensemble nous allons faire une prière : la plus belle, la plus noble, la plus grande des prières, la prière qui chante le cantique des êtres profonds qui aspirent à l'adogmatique. Créateur mon frère, je t'en supplie, donne-moi la main et puis dansons, chantons, rions sur le rythme profondément naturel du cantique des cantiques dédié à l'adogmatisme. Créateur mon frère, si cette danse, ce chant et ce rire, nous savons mieux que bien faire, il se pourrait alors que de nos ébats jaillisse une Aurore, au centre de laquelle les hommes pourraient trouver un livre qui leur apprendrait le langage universel.

## CHANT 32

Créateur mon frère, tu le sais bien, toi, il faut que ton cœur souffre toutes les folies, pour retrouver, une fois le tumulte passé, le chant de lumière des sages.

Créateur mon frère, si un jour on te pose la question : qu'est-ce que la lumière ? réponds : c'est un breuvage destiné aux éphémères, les hommes, afin que véritablement ils se désaltèrent.

⁂

Créateur mon frère, si un jour tu sens ta carcasse d'éphémère secouée par d'innombrables éclairs, que même ton fort caractère ne pourrait contrôler, Créateur mon frère, mieux que de te désoler, ouvre-toi. Et si tu es capable de faire cela, de ta blessure, de ton ouverture volontaire, jaillira un sang pourpre qui, à force de couler, agrandira au plus la brèche. Et cette brèche-là, Créateur mon frère, il faut qu'au plus haut point tu la considères, parce qu'elle est une voie royale qui permettra à ton être de recevoir, dans le pourpre, la lumière.

⁂

Créateur mon frère, je t'assure que si ton cœur est fidèle au don que t'a fait Dieu ton père, à ton génie, la moindre de tes paroles offerte à l'autre, à celui qui souffre, sera pour lui une source capable de le régénérer.

⁂

Créateur mon frère, tu es à la fois malade et bien portant : fais en sorte, pour respecter le don que t'a fait Dieu ton père, ton génie, que ton bien-portant s'exprime au plus pour faire renaître la santé chez tous ceux qui en sont dignes, tous ceux qui sont dignes, Créateur mon frère, de véritablement aimer. Car Amour manifesté est indispensable à tous ceux qui veulent vivre en bonne santé.

⁂

Créateur mon frère, une fois passées les épreuves que t'inflige ton moi générateur de bruit, il ne te restera plus que le silence... Le silence dans lequel, Créateur mon frère, ton cœur entendra bruisser la source du soi qui régénère.

⁂

Créateur mon frère, lorsque tes yeux pleurent face à la lumière, ce sont des larmes de source qui, de ton cœur, s'écoulent et lavent ton œil dans le but d'un tendre vers : le mieux voir.

⁂

Créateur mon frère, ne cherche pas à résoudre une multitude de problèmes, ne perds pas ton temps : sens plutôt ton cœur te dire que, par la simple logique, la logique qui fait savoir que tout est un être vivant, tu peux, Créateur mon frère, résoudre ton équation personnelle en t'intégrant à tout ce qui véritablement vibre, à tout ce qui est véritablement vivant.

⁂

Créateur mon frère, pour vaincre toutes les frayeurs issues de ton moi générateur de chimères, recueille entre tes mains ouvertes comme un calice quelques gouttes de Rosée et si tu es capable, Créateur mon frère, de sentir toute la saveur de ce breuvage d'aurore : par là même, tu seras le tueur de toutes tes frayeurs.

⁂

Créateur mon frère, lorsque la terre ta mère souffre jusqu'à s'écarteler sous le soleil qui la brûle, Créateur mon frère, songe que par ce cratère ouvert par la lumière, la terre ta mère peut t'offrir, si tu sais boire, une source fraîche jaillie du plus profond de ses entrailles : une source, Créateur mon frère, qui pourra te désaltérer bien au-delà de toutes les soifs que tu peux imaginer.

⁂

Créateur mon frère, considère comme des tueurs de vie tous ceux qui veulent enfermer l'instinct dans un concept ; car, Créateur mon frère, instinct est Force : Force qui jaillit du cœur de Dieu le père, pour nous inciter, nous autres les éphémères, à danser, à chanter et à rire dans la plus grande liberté, avec dans la bouche un goût de non-finir.

⁂

Créateur mon frère, promène-toi dans la forêt, promène-toi longtemps, promène-toi jusqu'à ce que tu trouves, dans une clairière inondée de lumière, une ronde d'enfants nus avec sur la tête des couronnes de bruyère. Et même si ton état d'éphémère, Créateur mon frère, a fait de toi un vieillard à la barbe blanche, mêle-toi à la ronde des enfants qui dansent. Alors tu sentiras, Créateur mon frère, dans cette clairière inondée de lumière où dansent des enfants nus couronnés de bruyère, tu sentiras, Créateur mon frère, que tout en toi, par ce cercle dansant, se régénère.

⁂

Créateur mon frère, si, lorsque ton cœur puissant te pousse à transmettre toujours plus, un cri d'enfant t'arrête, ne crois pas qu'il y ait dispersion : il y a, Créateur mon frère, bien au contraire, dans ce cri poussé par l'enfant, des vibrations qui t'apportent, Créateur mon frère, tellement elles sont sincères, une perpétuelle source, un renouvellement pour ton inspiration. Créateur mon frère, les cris d'enfants sont comme des étoiles dans le firmament : ils sont sources où tu peux puiser, sans jamais les tarir, tout l'espoir de ton devenir.

⁂

Créateur mon frère, lorsque par ton cœur le verbe s'exprime, de tes paroles qui profondément vibrent, naissent des petits danseurs éclatants de lumière, visibles seulement pour ceux qui, de toutes leurs forces, cherchent à vivre libres.

⁂

Créateur mon frère, n'oublie jamais que force et amour ne suffisent pas. Il te faudra, Créateur mon frère, pour être digne de la rose qui fleurit en toutes saisons, il te faudra, Créateur mon frère, pour atteindre cette dignité-là, ajouter à l'Amour et à la Force : Sagesse. Et, Créateur mon frère, lorsque les trois tu auras trouvés, tu pourras voir un cercle lumineux se former, au centre duquel sera inscrit : Beauté.

⁂

Créateur mon frère, lorsque tu contemples l'arbre, sois UN avec sa sève qui, en pulsions vigoureuses, monte. Créateur mon frère, si tu es capable de vivre ce que je te transmets là, ton cœur saura alors ce que ressent une feuille lorsque le soleil, sur ses fragiles nervures, dépose ses reflets d'or. Créateur mon frère, bien au-delà de toutes projections, aime l'arbre ; car l'arbre est un créateur qui vibre comme toi à tout ce qui vit.

Créateur mon frère, rappelle-toi cette nuit éclatante d'étoiles où nous avons tous deux enlacé l'arbre ; Créateur mon frère, souviens-toi dans cette nuit lumineuse de grand vent, nous avons perçu ensemble l'immense symphonie que crée le vent lorsqu'il s'accouple avec l'arbre géant.

⁂

Créateur mon frère, pour qu'AMOUR toujours passe entre toi et moi, il nous faut tuer COMPLAISANCE, afin que FORCE nous régénère dans la SAGESSE et la BEAUTE.

⁂

Créateur mon frère, le moi est une ombre qui, lorsqu'elle s'ouvre au soi, devient lumière.

⁂

Créateur mon frère, n'oublie jamais ceux qui, avec toi, ont été capables de danser sous la lumière d'une étoile. Créateur mon frère, celle qui, très loin dans le ciel, brille, scintille et vit, par son œil unique vous regarde danser. Créateur mon frère, n'oublie jamais que mémoire d'étoile est mémoire sélective et que cette mémoire-là est présent ; car, Créateur mon frère, même si l'étoile que tu fixes et que tu crois vivante est morte et que tu n'en perçois que des reflets, elle t'enseigne, la toute lointaine, l'art sublime de mourir pour donner : donner des faisceaux de lumière qui, bien qu'issus d'un corps mort depuis longtemps, contiennent en eux la vie, que par leurs signes ils perpétuent.

⁂

Créateur mon frère, si un jour tu rencontres un homme qui a les traits marqués, le visage livide, exsangue et vide à force de sans cesse se répéter ce qu'il aurait dû sentir pour en finir avant de commencer véritablement ; Créateur mon frère, ne juge pas de façon sévère cet éphémère qui s'interroge, mais de toutes tes forces essaie de le convaincre que vaincre, c'est mourir à la confusion issue du moi pour renaître à l'aube. L'Aube, Créateur mon frère, qui diffuse une lumière perpétuelle qui va bien au-delà du soleil et des autres planètes qu'il éclaire. Créateur mon frère, tu es un humble savant qui a su associer l'intuition avec le sang.

⁂

Créateur mon frère, tu le sais bien, toi, que pour faire un tout, il faut que chaque partie soit lumière. Créateur mon frère, si de ta vie tu sais faire ce que de toi Dieu ton père espère, tu donneras sans restriction ton souffle pour animer chaque foyer qui, sous la cendre grise, couve.

⁂

Créateur mon frère, tu te dois d'être un réaliste et pour toi, diagnostic doit prendre toute son ampleur. Créateur mon frère, lorsque ton cœur aura vu dans la lumière toute l'étendue de la tumeur maligne, même si tu n'arrives pas à écarter de toi la contagion, qui à priori domine, meurs sans regret, décharné et debout, en sachant, Créateur mon frère, que le don que t'a fait Dieu ton père, ton génie, dépasse et de très loin ton état d'éphémère.

Créateur mon frère, si l'homme est devenu pour la terre un cancer, s'il ronge, l'homme, la terre ta mère, n'oublie pas que celle qui t'a porté dans son sein et t'a donné le jour est fille de tous les mondes : tous les mondes, Créateur mon frère, que même le don que t'a fait Dieu ton père, ton génie, ne peut te faire, ne serait-ce qu'un instant, voir pleinement.

Créateur mon frère, ne confonds jamais voir et entrevoir ; car si tu faisais cela, il se pourrait bien alors que tu deviennes un jour un être atteint de cécité. Créateur mon frère, l'être, le phénomène, l'incarné, même le plus doué, ne voit jamais, il faut qu'il se contente, et c'est là son rôle de phénomène, d'entrevoir. Mais, Créateur mon frère, entrevoir, veux-tu que je te dise où cela mène, cela mène, Créateur mon frère, à voir ce qui, dans le phénomène, est digne d'intérêt : j'entends par là, Créateur mon frère, le point lumineux qui, même s'il n'est pas plus conséquent qu'une tête d'épingle, contient en son sein l'Univers tout entier. Créateur mon frère, j'ai parlé : j'attends maintenant que tu esquisses le premier pas de danse, afin qu'ensemble nous puissions évoluer, afin qu'ensemble, Créateur mon frère, dans le rire et dans le chant, nous puissions joindre nos fragilités et ce dans le but, Créateur mon frère, de dédier notre danse, notre chant et notre rire au point lumineux que nous portons en nous et qui signifie pour notre fragilité, le non-finir, la perpétuelle durée.

***

Créateur mon frère, tu es un malade que ta folie régénère, parce que dans le clair-obscur de ta folie, ton cœur a su choisir la lumière.

## CHANT 33

Clou mon frère fou, lorsque tu me parles, je sens bien que si je tarde à te répondre, tu supportes mal les intervalles, le silence. Je sais que dans les intervalles silencieux tu as peur de sombrer et de ce fait, Clou mon frère, tu préfères chevaucher ta démence, sans jamais t'arrêter, dans le but de pénétrer dans la ronde où gravitent les centaures.

Les centaures, ces hybrides bizarres qui poussent leur galop jusqu'à l'écartèlement, afin de se fondre dans l'éternel commencement.

Clou mon frère fou, tu as voulu faire de ta vie une danse immense et, à force d'esquisser des tourbillons sublimes, dans l'un d'eux tu es tombé, et le plus terrible de tes cris s'est alors perdu dans l'immensité du cercle qui se meut. Clou mon frère fou, à force de vouloir vibrer de toutes tes fibres, à force de vouloir que vibrent avec la même force les fibres des autres, tu as fini par te perdre dans un labyrinthe dont les chemins débouchent tous sur des têtes de monstres qui hurlent en bavant. Tu t'es trompé de chemin, Clou, fallait pas, fallait pas essayer de comprendre l'humain ; ce qu'il fallait, c'est te contenter de la juste mesure que tout petit on t'inculquait déjà. Clou mon frère fou, il ne faut pas t'arrêter sur mes considérations amères, car je sais, moi ; c'est mon cœur qui me l'a dit, je sais que dans la bave des monstres qui gardent le labyrinthe, existe une source, et même si tes souffrances issues de ta démence ne te l'ont fait percevoir en pleine lumière qu'un tout petit instant, cette source jaillie de la bave est le havre offert à tous les grands amers sur terre, afin que, malgré leur profonde misère d'éphémères torturés, ils puissent se régénérer.

***

Clou mon frère fou, je t'ai vu un jour cueillir des violettes dans un coin sombre du jardin de l'univers concentrationnaire, dans lequel perpétuellement tu vis.

Une fois les toute fragiles arrachées avec leurs racines, tu les a posées dans un verre ; puis tu as pris un miroir et contemplé un court instant ton image reflétée. Brusquement, d'un coup de poing terrible, tu as brisé la glace fragile et tu as secoué, tu as secoué le miroir pour que les morceaux tombent, alors tu as pris le dernier morceau resté accroché dans le cadre et, avec ce rescapé, la veine tu t'es tranchée. Lorsque le sang a giclé, tu as repris le verre et les violettes et, longtemps, dans le récipient tu as laissé couler ton sang.

Les fantômes à blouses blanches avertis sont venus et ont ligaturé ton poignet meurtri ; ton liquide vital s'est alors arrêté de couler. Une fois soigné, tu t'es dirigé vers les fleurs et, voyant qu'elles commençaient à se faner, tu t'es rendu compte que pour qu'elles vivent, il te faudrait bientôt changer le sang du vase. Alors, Clou mon frère, un autre miroir tu as brisé, à nouveau ton poignet a saigné et lorsque moi, celui qui vient de l'extérieur en visiteur, j'ai voulu te raisonner, tu m'as dit ceci : — Les délicates fleurs mauves ne sont pas vampires, mais le seul moyen pour elles de ne jamais finir, c'est de s'abreuver à la source du sang, donné volontairement.

Depuis ce jour-là, Clou mon frère fou appelle les violettes des immortelles, et personne, surtout pas moi, n'a le droit de lui dire qu'il confond tout, y compris les fleurs, et qu'il est fou.

⁂

Clou mon frère fou, j'ai assisté à une de tes nombreuses agonies ; tu étais étendu sur la table blanche et tu avais pour quelque temps perdu le souffle et la vie. La peau de ton visage était livide mais sans ride : je me suis demandé pourquoi. Puis je me suis souvenu que tu m'avais dit un jour que même lorsque l'orage grondait en toi, tu étais capable d'entendre l'oiseau chanter. Clou mon frère fou, celui qui sait, malgré sa souffrance trop grande, garder suffisamment de perméabilité pour entendre l'humble passereau chanter, meurt vide de toute ride.

⁂

Clou mon frère fou, lorsque je suis arrivé à l'asile ce jour-là, tu étais absent. Un fantôme à blouse blanche m'a dit que tu te promenais dans le parc de l'hôpital. Je suis parti à ta recherche... Au bout de quelque temps, ne te trouvant pas, je me suis souvenu que dans une des allées du parc, il y avait un vieux lavoir. Inquiet, j'ai couru dans la direction de la petite pièce d'eau stagnante et c'est là que je t'ai trouvé : raide comme une planche de bois, tu flottais sur l'eau croupissante, de ta bouche sortait un chant étrange. De peur que ta tête ne disparaisse à jamais dans l'eau, je t'ai tendu mes mains ; mais aucune incitation venue de l'extérieur ne semblait suffisante pour briser ta torpeur. Alors, Clou mon frère fou, véritablement j'ai eu peur ! J'ai eu peur que tu meures noyé, gorgé d'eau sale et stagnante ; c'est pourquoi je suis allé te rejoindre dans le lavoir et, comme l'eau était peu profonde, je t'ai soulevé, puis, vers ta chambre blanche sans fenêtre me suis dirigé et délicatement sur ton lit t'ai posé. C'est alors que tu t'es réveillé et m'as dit : toi qui viens de l'extérieur, en m'éveillant tu m'as sauvé la vie, parce que j'étais en train de rêver que dans l'eau sale et noire du lavoir je me noyais. J'allais avertir Clou du danger que courent ceux qui veulent vivre leurs rêves, mais une force venue du plus profond de moi m'a fait taire ! Au lieu de tenir au martyr des propos terre à terre, sans essuyer la goutte d'eau croupissante qui s'écoulait sur la joue de Clou en .arme d'eau morte, j'ai embrassé le fou puis l'ai quitté. Avant de sortir du jardin de l'univers concentrationnaire, j'ai fait un détour pour revoir le lavoir et, chose étrange, les eaux stagnantes et croupissantes semblaient plus limpides : on aurait dit une source livide.

Clou mon frère fou, le soufre, le souffrir est capable s'il est sincère et profond de faire des eaux stagnantes, croupissantes et amères, des sources imprégnées de lumière : des sources qui coulent uniquement pour effacer la médiocrité, la haine et toutes les saletés.

*
**

Clou mon frère fou, beaucoup d'humains ont un fond sincère ; mais ce qui leur manque, c'est du caractère, de là vient toute la misère. Toi, Clou mon frère de démence, à force de crier pour leur faire comprendre cette énorme carence, ils t'ont enfermé, et maintenant, comme un taureau martyrisé par l'obscurité du réduit qui l'enferme, avant de se faire massacrer dans l'arène, tu te cognes la tête contre les murs. Mais je le sais bien, moi, Clou mon frère fou, qu'au bout de tes assauts répétés qui, souvent, te font saigner, existe une piste jaune éclaboussée de lumière, uniquement réservée aux êtres sincères qui ont profondément vécu leur « souffert ».

*
**

Clou mon frère de démence, ta vie apparaît à ceux de l'extérieur qui n'ont jamais connu la transe, comme une succession de gestes saccadés qui font peur. Mais moi, Clou mon frère fou, je sais bien, puisque je t'ai intimement perçu, je sais bien, te dis-je, que dans tes gestes mal contrôlés vit une tendance forte bien que dispersée. Et ce paradoxe, Clou mon frère fou, en toi observé, me fait comprendre ce qu'est véritablement souffrir, me fait sentir, Clou mon frère fou, ce qu'est véritablement la danse du phénomène, sous des aspects de pantin que rien ne réfrène, me fait sentir, te dis-je, le prodige qu'est le vrai cri poussé par un pantin malade, malade mais qui sait parce que ses membres se sont tendus mille fois et que mille fois ils ont failli se briser, qui sait, te dis-je, Clou mon frère fou, comprendre les signes irréversibles qui chantent un chant inextinguible : un chant d'honneur pour tous ceux qui, malgré leur profonde et atroce douleur, ont fait de leur être tout entier un sacrifice dédié à l'Unité.

⁂

Clou mon frère fou, les seules promenades que tu peux faire, tu les fais dans une forêt sombre où ne règne que la pénombre. Mais dans cette jungle noire, Clou mon frère de désespoir, poussent des fleurs sauvages aux couleurs vives. Elles sont, ces fleurs étranges, les seules compagnes de tes promenades bizarres et c'est heureux qu'elles existent ; car leur simplicité sauvage t'offre un breuvage composé d'essence de fleurs et de Rosée. Et même, Clou mon frère fou, si ces plantes sont un peu infernales, elles ne se contentent pas de t'offrir une boisson qui illusionne ; elles distillent les gouttes qui tombent de leurs pistils pour les transformer en liqueur, une liqueur, Clou mon frère de douleur, qui réchauffe le cœur. Les fleurs savent ce qu'elles font, Clou mon frère, puisqu'une fois qu'elles ont désaltéré le bouffon, il atteint, ce naïf lamentable, une acuité telle que, dans chaque fleur éphémère qui de toutes ses couleurs passagères étincelle, il voit, il sent une essence à un tel point subtile qu'il considère les toute fragiles comme des immortelles porteuses de parfum indélébile.

Clou mon frère fou, même si avec toi la souffrance exagère, essaie : essaie malgré tout de boire à toutes les sources premières, elles seules, Clou mon frère, sont capables d'absorber, de laver ton immense démence.

⁂

Clou mon frère fou, je me souviendrai toujours des paroles que tu m'as dites un jour ; c'était en plein automne, le temps où les feuilles ont des reflets d'or parce qu'elles se donnent. Clou mon frère, tu m'as dit précisément, ce jour-là, et tes yeux parlaient plus que ta bouche, tellement ils étaient intenses, tu m'as dit : fais en sorte, toi qui es dehors, d'amener à ceux qui souffrent suffisamment d'aurore, pour qu'ils n'entrent jamais dans cet enfer où des êtres de vingt ans, à force d'avoir souffert, ont des allures de vieillards. Et puis, avant de s'en aller, Clou mon frère fou, a rajouté : si je t'avais rencontré avant, jamais je n'aurais franchi la porte de cet enfer permanent ! Moi, je suis las d'être là, j'agonise, je souffre, je m'épuise... ils m'épuisent. Et le rire qu'ils appellent anormal a jailli en même temps que les larmes et, avant que mon frère fou sonne l'ultime alarme, il m'a crié : sauve-les, ceux de l'extérieur, sauve-les avant qu'ils ne franchissent la porte de cet enfer où règne la peur.

## CHANT 34

Créateur mon frère, pour vivre véritablement ton rêve d'être doué, il te faut posséder l'acuité visuelle du rapace ; un rapace qui serait à la fois diurne et nocturne.

Créateur mon frère, c'est le sentir d'un début qui se perpétue à l'infini, qui donne à notre être fini la profonde intuition de l'UN.

⁂

Créateur mon frère, ton sentir profond de la quintessence fait de toi une mer de pavots pourpres. Créateur mon frère, chaque vague de sang qui se brise sur le rocher de la médiocrité en toi restée, t'incite à vivre ta vie sur le rythme profond de la mer qui, en toi, chante l'hymne sublime du mouvement perpétuel. Créateur mon frère, je pense que tu m'as bien compris : lorsque je dis mouvement, mon cœur sent immobilité, silence vibré.

⁂

Créateur mon frère, l'intuition est une reine, mais méfie-toi tout de même, méfie-toi, Créateur mon frère, de ne pas la confondre avec les projections chimériques issues de ta subjectivité. De toutes façons, Créateur mon frère, aime la reine, car en elle vit toute la magie naturelle du tendre vers...

⁂

Créateur mon frère, lorsque le vent fort souffle la lumière, ne cherche pas à t'expliquer le vertige né de la puissance qui t'invite à vivre. Créateur mon frère, en ce moment sublime où toute la nature exaspère ton corps fragile de phénomène assoiffé de lumière, lève-toi et puis laisse le vent en toi chanter, danser et rire : laisse le tout-puissant impalpable, te faire sentir ce qu'est l'approche du non-finir.

⁂

Créateur mon frère, chaque goutte de pluie qui tombe du ciel produit, lorsqu'elle touche la terre, un gigantesque éclatement. Eclatement qui est, Créateur mon frère, signe de vie pour ceux qui savent écouter avec le cœur les vibrations émises par les grands cataclysmes muets.

⁂

Créateur mon frère, tu le sais bien, toi, que le sage est capable de trouver sans chercher la violette qui se cache au plus profond des bois. Et, lorsque l'homme simple, le sage, a trouvé sa sœur de simplicité, il sait se courber pour la respirer. Créateur mon frère, des deux humilités qui, par la vision du cœur, ne font qu'UNE, naît la fierté légitime de tout ce qui vit et sent au-delà de l'apparence, l'essence.

⁂

Créateur mon frère, lorsque par ta bouche le verbe s'exprime, seul est apte à te répondre véritablement, le silence. Le silence, Créateur mon frère, qui est vibration muette pour tes oreilles d'éphémère, mais porteur de lumière pour ton cœur qui sait, lui, ouïr au-delà de l'audible.

⁂

Créateur mon frère, quand tu exprimes la poétique, tu es bien au-delà de toutes éthiques, car à chaque fois que tu t'exprimes ainsi, un oiseau, avec toi en parfaite harmonie, chante.

Créateur mon frère, un oiseau n'est pas « morale », il est signe de vie immédiate.

*
**

Créateur mon frère, ne confonds jamais illusion et vision : tandis que les premières sont issues du moi, les secondes jaillissent toujours du soi.

*
**

Créateur mon frère, ne te force pas, ne cherche pas, lorsque tu es assis parmi ceux que tu aimes et que monte une chaleur que tu sens extrême, ne cherche pas à faire quoi que ce soit ; mais aiguise ton regard et vois : vois, Créateur mon frère, si dans les yeux de ceux qui t'entourent vit véritablement l'intensité grave qui, si elle existe, sera la preuve pour toi, Créateur mon frère, que vous êtes réunis entre gens sérieux qui comprennent et sentent toute la gravité de la toute-belle, de la toute-puissante, de la toute-noble : la vie.

*
**

Créateur mon frère, lorsque le vent fort souffle au plus et semble, à ton humble carcasse de phénomène, trop puissant, ne cherche pas à dompter cette Force qui s'exprime, laisse-toi plutôt pour être digne, Créateur mon frère, emporter par le souffle indompté. Créateur mon frère, le vent ne s'explique pas, il se danse.

*
**

Créateur mon frère, si par moments la fatigue issue de ton état d'éphémère te désespère, laisse ton cœur libéré de toute pensée, chanter ! Alors, Créateur mon frère, tu auras le sentir profond de ce que sont les vibrations issues de la lumière transcendentale, dont l'X de la lumière phénoménale ne peut te donner, Créateur mon frère, qu'une approche banale.

⁂

Créateur mon frère, si à toi je m'adresse cent fois pour te chanter le chant de l'unité, ne crois surtout pas qu'une obsession de répétitions m'habite ; mais vois plutôt, Créateur mon frère, dans ce cent, l'appel des vibrations fortes jaillies de mon cœur qui m'inspire.

## CHANT 35

Créateur mon frère, si tu sais faire de ta vie d'éphémère une écoute désencombrée, ton cœur sera capable de sentir sans ambiguïté, l'Unité.

Créateur mon frère, le plus beau des présents que t'a fait Dieu ton père : c'est ton aptitude à sentir immédiatement ce que simple veut dire.

***

Créateur mon frère, le mutant positif est a-causal, tant qu'il n'a pas retrouvé l'inspir de la Grande Cause Unique.

***

Créateur mon frère, l'intuition de l'unique dépasse toutes les métaphysiques. Car métaphysique, Créateur mon frère, est un mot inventé par des amnésiques : des amnésiques qui ont perdu totalement la mémoire sensible qui, elle seule, permet de sentir la lumière invisible. Créateur mon frère, je t'en supplie, fuis les mots vulgaires : ce sont eux qui, par leur opacité, cherchent à t'abaisser au niveau des philosophes tes faux frères. Les philosophes qui, sans cesse, parlent de la lumière, sans jamais, Créateur mon frère, sans jamais, tu m'entends bien, être capables de sentir véritablement le lien. Créateur mon frère, les maillons de la chaîne de la vie ne sont pas des mots, mais des intuitions issues de l'homme déconditionné qui, lui seul, a le profond sentir de l'unité.

***

Créateur mon frère, n'oublie jamais de tendre ta main grande ouverte vers la petite fille qui, dans les bois, par affinité, embrasse une jonquille. Créateur mon frère, ne manque jamais d'honorer le simple, car il est le signe le plus évident de l'UN.

***

Créateur mon frère, il n'y a pas de faiseurs d'or : seuls existent ceux qui ont su voir dans le métal noble, la naissance d'une aurore première. D'une aurore, Créateur mon frère, à la lumière de laquelle on peut voir la terre couverte de givre, l'air rendu visible, l'eau sensible aux vibrations du premier berger jouant du pipeau, le feu avec ses lueurs d'orange, de pourpre et de bleu. Créateur mon frère, contrairement à l'or vulgaire, l'or issu de la sueur et du sang est une matrice qui donne naissance à un enfant qui jamais ne vieillira, puisque l'Alchimie, Créateur mon frère, transcende le temps.

***

Créateur mon frère, tu es parti de l'UN et puis, durant ta vie d'éphémère doué, tu as voulu compter, et du UN tu as fait la multiplicité. Créateur mon frère, tu n'es pas Dieu ton père, pour t'amuser à de tels jeux ; car Lui seul est capable de briser en morceaux l'Unité pour avoir le sublime plaisir de la voir se reconstituer.

***

Créateur mon frère, Créateur mon frère, Créateur mon frère, trois fois j'appelle ton nom afin d'essayer de voir s'il n'est pas illusoire que le trois puisse, s'il est par amour appelé, se métamorphoser en UN et si, Créateur mon frère, la métamorphose ne se faisait pas, ce serait parce que plus que mon cœur, ma tête aurait parlé. Créateur mon frère, le verbe, lorsqu'il jaillit immédiatement du cœur, est toujours unificateur.

***

Créateur mon frère, le don que t'a fait Dieu ton père, ton génie, est précision. Créateur mon frère, lorsque, à l'aide de mots transmutés par ton verbe en danseurs de cristal, tu commences à sculpter la première pierre de l'édifice, fais ce qu'il faut, Créateur mon frère : fais exactement ce qu'il faut pour que ta création issue de ton état d'éphémère doué et mobile, rejoigne l'axe immobile. L'Axe, Créateur mon frère, qui comme ton génie ne peut se dissocier de l'aurore ; Créateur mon frère, dans la toute belle, dans la toute première, n'oublie jamais que le multiple se fond pour donner naissance à l'Unique.

***

Créateur mon frère, sois pleinement conscient de ce que ton dualisme de phénomène représente pour toi, cet ultime signe te dit : pour rejoindre l'UN, il te faut nécessairement passer par moi, le deux. Créateur mon frère, ce que je viens de t'énoncer là est principe, principe applicable à tous les incarnés.

***

Créateur mon frère, tu méprises toutes dialectiques vulgaires : comme je te comprends ! Mais, Créateur mon frère, tu sais aussi qu'il existe une dialectique qui transmute le deux en UN et, lorsque le verbe à ce niveau s'exprime, le discours, Créateur mon frère, devient vérité : vérité qui incite à chanter, à rire et à danser.

***

Créateur mon frère, lorsque tu sens les abîmes de la terre, du ciel et de la mer s'ouvrir comme une déchirure et que des éléments tu crois percevoir le fond, ne te laisse pas prendre à cette illusion. Créateur mon frère, la terre, l'air, l'eau et le feu ne sont pas des miroirs : ils sont des signes, des signes vivants qui incitent de toutes les forces de leur élément, à voir plus clair, et voir plus clair, Créateur mon frère, ce n'est certes pas percevoir dans l'éclair un miroir uniquement destiné à refléter ta misère de phénomène. Créateur mon frère, même si ta fragilité douée a, par certains côtés, avec l'éclair des affinités, il te faudra, sous peine d'être le jouet de tes propres projections, discerner au nom du deux la lumière, afin que ton état d'éphémère puisse, lavé de toutes illusions, rejoindre par ses vibrations : l'UN.

***

Créateur mon frère, le vin est divin : c'est le Fils de Dieu ton père qui est venu sur terre pour te rappeler qu'un sang noble n'est jamais en vain versé. Vain veut aussi dire vide, mais, Créateur mon frère, la grappe lourde de jus, de soleil, de senteurs et de goût de terre se fait Une dans chacun de ses grains : ses grains, Créateur mon frère, qui sont tous cercles pleins.

***

Créateur mon frère, s'il nous était possible à nous autres humbles phénomènes de définir l'Indéfinissable : Dieu, on pourrait dire que l'Ultime est un gigantesque moi non égocentrique. Créateur mon frère, Dieu s'est morcelé tout en gardant sa parfaite intégrité.

⁂

Créateur mon frère, il n'existe pas de musique supérieure au silence. Créateur mon frère, il n'existe pas de danse supérieure à la magie qui jaillit de l'immobile. Créateur mon frère, il n'existe pas de rire supérieur au regard profond et grave. Alors, Créateur mon frère, chasse toutes les chimères bruyantes qui te hantent, car mon cœur te le dit : c'est dans le silence qui vit et règne au plus profond de toi, dans lui seul que tu pourras trouver le signe lumineux qui fait pressentir l'Unité.

⁂

Créateur mon frère, subsister pour toi est un crime de lèse-vie. Créateur mon frère, la vie ne t'a pas choisi pour que tu te contentes de subsister, mais elle t'a élu pour qu'à force de souffrance, tu puisses la reconnaître dans toute sa simplicité et lui dédier, une fois toute confusion dépassée, un chant de reconnaissance destiné à saluer : Amour, Sagesse, Force, Beauté qui règnent au centre de son Unité.

⁂

Créateur mon frère, si tu es capable d'assumer ton état de médium, ce nom que je te donne : nous pourrons, Créateur mon frère, nous prendre par le bras et chanter, danser et rire de toutes formes de spectacles ; parce que, Créateur mon frère, dans la souffrance profonde disparaît toute apothéose d'un individu, disparaît tout spectacle pour laisser place à l'osmose des êtres que leur mort et leur renaissance consciemment vécues, feront renaître UN.

⁂

Créateur mon frère, ta perception profonde et claire t'a conduit à voir dans l'homme un éphémère de lumière. Et ton cri, Créateur mon frère, s'adresse à toutes ces fragilités, afin qu'avant que ne passe leur insignifiance, ils puissent exprimer la parcelle lumineuse qui les habite. Et, ô sublime paradoxe, Créateur mon frère, leur faire bien comprendre et sentir que cette parcelle de lumière infime enfermée dans leur corps de terre contient l'infini.

Ce que je viens de te dire, Créateur mon frère, est prouvé par le génie qui, lorsqu'il éclate, dégage une telle force que tout homme sincère est obligé de se rendre compte alors de l'existence de toutes les forces vives dissimulées par l'écorce : l'écorce, Créateur mon frère, qui ne demande qu'à éclater, afin de laisser passer la vie quintessenciée, pour que naisse la sublime intuition qui vit au plus profond des latences de l'homme : le sentir de l'UN.

⁂

Créateur mon frère, si tu souffres l'enfer du monde phénoménal, ne retiens pas tes larmes, laisse-les couler et puis vois : vois par tes yeux purifiés surgir une fontaine immense qui trace avec ses volutes d'eau le plus dense des mots, Unité.

⁂

Créateur mon frère, Dieu s'est morcelé pour mettre à notre portée le sentir de l'Unité. Créateur mon frère, les parcelles que sont les phénomènes portent en elles suffisamment de lumière pour que, dans une conscience d'aurore, elles puissent retrouver l'or noble, signe de l'Unité.

*
**

Créateur mon frère, tu as un tel sentir de ce qu'est la mémoire du cœur, que malgré les noirceurs qui empêchent parfois ton être phénoménal de bien voir la lumière, TU ES : tu es parce que ton être est né de la volonté Suprême de Dieu ton père. Créateur mon frère, tu es un élu et ce don sublime ordonne à ton être infime, à ton être paradoxal de prendre appui sur le monde infernal, afin de t'élancer, à partir de cette corporalité, vers l'Univers où règne l'Unité.

*
**

Créateur mon frère, chaque arbre est une source ; car lorsque le cœur du géant végétal se brise, par la brèche allant bien au-delà de l'écorce, jaillit une eau pure que toutes les fibres de l'arbre ont durant sa vie filtrée, drainée, purifiée.

Créateur mon frère, as-tu, durant ton existence, assisté au spectacle surprenant d'un arbre qui rejette son eau comme un mourant vomit son sang. Et si oui ! Créateur mon frère, ton cœur doit être capable de sentir que l'arbre vide de son eau et de sa sève, que l'homme vide de son sang n'ont de cadavres que l'aspect. Car, Créateur mon frère, l'arbre et l'homme morts iront rejoindre le sein tout palpitant de vie de la terre, leur mère.

*
**

Créateur mon frère, lorsque durant ta vie tu seras mort cinq fois et que se présentera alors à toi le symbole lumineux de la quintessence, comprends bien ce que ce signe te dit : il te dit, Créateur mon frère, que souffrir pour atteindre le cinq en passant par les autres chiffres, te ramène au UN jaillissant de lumière. Créateur mon frère, ne l'oublie pas, cinq pour toi veut dire UN.

⁂

Créateur mon frère, lorsque ta compagne, que son amour pour toi a élevée au rang de mère, de sœur, d'épouse et de fille ; lorsque cette compagne-là lève son regard vers toi et t'interroge, Créateur mon frère, ne réponds pas, mais lève-toi, avance vers elle avec grande délicatesse, prends-la dans tes bras et serre-la, mais pas trop ; car, Créateur mon frère, il ne s'agit pas, avec elle, de rétablir dans la force, l'Unité, il s'agit plutôt, en ce qui la concerne, par l'amour, de danser jusqu'à atteindre le tourbillon-lumière : lumière vive qui permet de voir dans un éclair, l'androgyne, clef du grand mystère.

⁂

Créateur mon frère, si tu ne sais pas compter en chiffres de lumière, jamais pour toi UN plus UN ne feront UN.

⁂

Créateur mon frère, si comme je l'espère vraiment, tu sais danser, te mouvoir sera pour toi voir : voir au centre du tourbillon, quintessence de mouvement, un axe fécond parce qu'immobile.

⁂

Créateur mon frère, l'Unité par la source portée navigue dans ton être tout entier. Et cette source-là, Créateur mon frère, où scintille l'UN est un liquide capable de transcender toutes les fatigues issues de ton être qui, malgré ton génie, garde de lourdes séquelles d'obscurité.

⁂

Créateur mon frère, si tu veux toujours rester en bonne santé, préfère aux battements des mains qui approuvent les pulsions du cœur qui aime. Créateur mon frère, sans la multiplicité des phénomènes, tu n'aurais jamais eu l'intuition de l'UN ; car, Créateur mon frère, pour dans tes ténèbres retrouver la lumière, il te faut par comparaison voir, dans les pièces du monde phénoménal, le noir par contraste faire éclater le blanc.

⁂

Créateur mon frère, pose-toi la question : le printemps dernier, ai-je pris le temps de véritablement voir, sentir, toucher ne serait-ce qu'une seule grappe de lilas blanc qui, de toutes les forces de ses fleurs triples, m'invitait à célébrer le printemps dans l'Unité ?

⁂

Créateur mon frère, lorsque tu seras à l'agonie, appelle-moi de toutes tes forces, crie et j'accourrai. Alors, Créateur mon frère, ensemble nous ferons la fête et avant que tes yeux agrandis au plus ne se révulsent, je te fixerai, Créateur mon frère, je te fixerai de toute mon âme et, malgré l'intense émotion qui me fera mal, je trouverai encore la force de te dire : Créateur mon frère, là où tu vas fais en sorte que jamais la chaîne ne se brise.

⁂

Créateur mon frère, Dieu l'Immortel s'est morcelé pour faire naître des petits êtres de lumière : les hommes, afin que ces petites entités à force de rire, de chant et de danse puissent dans ce tourbillon de vibrations recréer l'immense.

***

Créateur mon frère, lorsqu'on te bafoue, pense que battre le fou est pure folie. Créateur mon frère, la folie est la plus noble des mères puisque Dieu pour nous créer a eu la folie de se morceler, en espérant que l'homme avec ce qui lui a été donné serait capable de reconstituer l'Unité. Créateur mon frère, tu es fou, il te faut en être fier car, à l'image de Dieu ton père, tu brises ta vie en plusieurs morceaux pour donner aux hommes en pâture ces bribes de chair, afin qu'en les mangeant ils aient dans la bouche un goût de lumière, des saveurs d'Unité.

***

Créateur mon frère, lorsqu'une parcelle de soleil s'est détachée pour constituer la terre, cette parcelle issue d'une Unité a sans cesse tourné.

Créateur mon frère, les tours que fait la terre, elle les fait avec gravité et ce, Créateur mon frère, dans le but de se rapprocher d'abord, puis de se fondre, pour commencer dans l'astre principal, père lumineux de toutes les parcelles phénoménales, une vie nouvelle.

Créateur mon frère, la plus grande intuition de l'homme est le sentir de l'Unité, parce que l'UN, Créateur mon frère, est la source première d'où sans cesse jaillissent les phénomènes, et ces parcelles, Créateur mon frère, sont là pour prouver à l'immensité que l'Unité pour se retrouver peut se fragmenter. Puis j'ajoute, Créateur mon frère, que le seul ciment capable de reconstituer l'Unité, c'est l'Amour.

L'Amour, Créateur mon frère, qui est une sublime mathématique pour qui sait ce qu'est véritablement la logique. Toi, Créateur mon frère, tu sais bien ce qu'est la logique ; la logique, c'est savoir que l'on peut compter avec des chiffres toute sa vie, sans pour autant atteindre un résultat qui définit. Créateur mon frère, savoir ou mieux sentir qu'il est utile de compter est sain, si le résultat des comptes se termine par UN. Créateur mon frère, ne te perds pas dans l'arbitraire des chiffres qui s'alignent, vois plutôt dans chacun de ces petits signes une parcelle lumineuse qui sans cesse cligne pour, entre deux clairs-obscurs, essayer de saisir l'UN, signe du non-finir.

***

Créateur mon frère, ne te laisse pas prendre au piège de la magie des nombres, car même si les nombres sacrés portent en leur sein l'Unité, si ton cœur est simple et désencombré, tu sentiras l'UN sans avoir besoin pour le rejoindre de le disséquer.

***

Créateur mon frère, tout ce qui bouge en harmonie parfaite avec l'axe est, par perméabilité, fixe dans sa mobilité.

***

Créateur mon frère, n'écoute jamais ceux qui veulent faire ton apologie ; car, Créateur mon frère, s'il y a danger quant à être dupe de ceux qui flattent, il existe un danger encore bien plus grand : celui qui consiste à participer pleinement à l'apologie que te font ceux qui t'aiment vraiment. Créateur mon frère, que l'apologie soit sincère ou hypocrite, pour rester toujours véritablement vivant, pour toujours progresser, il te faut et c'est un principe, il te faut être pleinement convaincu que la lumière qui vit au plus profond de tes ténèbres se rit de toutes les apologies, qu'elles soient gorgées de sincérité ou pourries d'hypocrisie. Créateur mon frère, n'oublie jamais que lorsque la lumière s'exprime, il ne peut pas être question, face à cet éclat sublime, de cligner de l'œil ; il faut, Créateur mon frère, lorsque cette rencontre a lieu, fermer les deux yeux et c'est bien ainsi. Car je te le dis à toi qui es profond et sincère, dans l'obscurité de l'aveugle qui a su sans hésiter fermer, non pas un œil, mais les deux yeux face à la lumière, dans cette obscurité d'aveugle volontaire, vit, Créateur mon frère, une intensité solaire qui tient le non-velléitaire dans un état de perpétuel éveil. Créateur mon frère, souviens-toi, souviens-toi de chacune de tes créations, elles étaient toutes précédées par une impression profonde d'abandon. Mais, Créateur mon frère, ce petit instant, cet abandon, cet amer profond, cette angoisse, cette torture, tu dois les supporter, Créateur mon frère, tu supportes tout cela qui aurait pu te rendre, sans la force de ton caractère, misérable, tu supportes cela dans le but de sentir dans un tout petit instant de présent véritablement vécu comme un grand chant, vécu comme un hymne tellement sublime, que, dans cet espace de temps infime, Créateur mon frère, tu es en mesure de sentir, après avoir violemment souffert, ce qu'est le véritable présent : le véritable présent, Créateur mon frère, qui, l'espace d'un instant de temps-lumière, transcende et l'espace et le temps. Créateur mon frère, toi qui as l'écoute sincère, tu m'as compris, tu as bien compris ce que je veux te dire, Créateur mon frère, je viens de te parler de ceux qui n'ont pas de finir, de ceux qui prouvent, en transcendant l'espace et le temps, qu'ils sont des mutants. Créateur mon frère, si durant ta vie tu ne trahis pas le don que t'a fait Dieu ton père, ton génie, nous pourrons ensemble danser, chanter et rire avec le sentir profond que donne l'union des pareils. Des pareils, Créateur mon frère, qui défient les contraires. Créateur mon frère, c'est de la lutte des semblables qui n'ont pas à lutter que naît véritablement l'Unité. Créateur mon frère, UN plus UN égale UN, voilà la preuve, car, Créateur mon frère, UN est semblable à UN et les deux semblables donnent l'Unité. Voilà, Créateur mon frère, ce qu'en pleine clarté je voulais te prouver.

⁂

Créateur mon frère, dans ta folie, tu as su trouver la sagesse qui unit.

## CHANT 36

Créateur mon frère, tu es une ombre : tu es l'ombre de la première Aurore !

Créateur mon frère, c'est dans le sang... dans le sentir de la source fraîche aux reflets d'or que la vie a trouvé sa véritable origine.

*
**

Créateur mon frère, chaque aurore que tu offres à l'éphémère qui souffre se transforme pour toi en crépuscule. Tant il est vrai, Créateur mon frère, qu'à force de donner on n'a plus. Mais ce qui te sauve, c'est que ton cœur sent profondément que dans chaque crépuscule l'aurore vit aussi.

*
**

Créateur mon frère, je le sais bien moi, c'est mon cœur qui me l'a dit : tu es celui qui pousse le dernier cri, dernier cri dans lequel perçoivent, ceux qui savent sentir un renouveau, un hymne dédié au non-finir.

*
**

Créateur mon frère, la fatigue issue de ton cœur ne te donnera jamais de rides. Car, Créateur mon frère, de cette fatigue-là, on en vit ou on en meurt, mais de toute façon la fatigue qui vient du cœur parce qu'il se donne permet d'apercevoir l'aurore, que ce soit dans la vie ou dans la mort.

*
**

Créateur mon frère, tu te dois, pour être fidèle au don que t'a fait Dieu ton père, de sentir, de comprendre, d'aimer les trois règnes : végétal, animal et humain. Créateur mon frère, si ton état d'éphémère doué sait tendre vers, sans jamais douter, il pourrait bien alors se faire que tu perçoives l'Aube première. L'Aube première, Créateur mon frère, d'où perpétuellement jaillissent des éclairs de lumière pourpre et dans ce feu-là, Créateur mon frère, toute âme sincère peut voir les trois règnes se fondre en UN, en UN Divin.

*
**

Créateur mon frère, tu le sais bien toi qu'il existe dans le rictus des agonisants un rire qui incite à mourir pour renaître plus, un rire qui incite à découvrir l'aube du véritable connaître.

*
**

Créateur mon frère, tu es conscient que ta vie véritablement vécue te conduira à une mort qui, à son tour, te conduira à la vie.

Mais, Créateur mon frère, prends garde au piège que te tend la vie. Le piège tendu par la vie au créateur : lui faire croire à cet humble phénomène qu'il est parfois tout, parfois rien.

Créateur mon frère, si tu tombes dans le piège du « je suis tout », tu ne seras rien. Créateur mon frère, si tu tombes dans le piège du « je ne suis rien », tu ne seras rien. Mais, Créateur mon frère, si ta tête, par ton cœur incitée, ne fonctionne pas sur un rythme trop précipité, tu pourras alors entendre à l'intérieur de toi battre en harmonie et ton cœur et ton cerveau. Et de cette harmonie-là, Créateur mon frère, naîtra la vie.

*
**

Créateur mon frère, ne fais pas de ton moi une impasse ; fais en sorte que les chimères issues de ce complaisant tortionnaire ne t'envahissent pas complètement. Créateur mon frère, parmi toutes les fibres de ton état d'éphémère, choisis le fil du SOI. Car lui seul est capable, Créateur mon frère, de te mener vers le chemin qui débouche sur l'Aurore : l'Aurore, Créateur mon frère, où est inscrite en lettres d'or la Loi, la Loi qui dicte aux éphémères le savoir-faire qui mène à la lumière.

⁂

Créateur mon frère, si tu ne te méprends pas sur le don que t'a fait Dieu ton père, tu ne passeras jamais à côté de l'enfant lorsqu'il s'adresse à toi à l'aide de sa petite voix. Car, Créateur mon frère, lui ne sait rien, mais sent ce que veut dire éternel commencement.

⁂

Créateur mon frère, si ta sincérité atteint la profondeur de ton être, le soleil pour toi brillera dans la nuit.

# CHANT 37

Clou mon frère fou, tu es une marionnette paradoxale qui danse sa démence dans un tourbillon infernal. Mais malgré tout, Clou mon frère fou, continue de tourner car, si tu le fais, disparaîtront un jour dans le tourbillon et la marionnette et la démence, pour laisser la place à un soleil immense. Clou mon frère, ta souffrance profonde de grand fou a fait de toi un mutant positif qui, sans le savoir, génère des mondes qui dépassent et de très loin tout le sensitif.

Clou mon frère, je te le dis, le fou est plus haut placé que le sage, puisque la folie comprend la sagesse.

Pour vivre, toi, Clou mon frère, ta vie de grand fou, il te faut sans cesse mettre ta fragilité en jeu ; alors, je te le dis moi qui suis de l'extérieur, je te le dis à toi qui souffres à l'intérieur de l'univers concentrationnaire : tu es noble et grand, puisque perpétuellement tu souffres le calvaire de ta folie dans le but d'atteindre ne serait-ce qu'un grain de lumière, un grain infime mais aussi vrai que le grain de blé qui, dans la terre froide, germe pour donner naissance à l'épi d'or, signe de quintessence.

***

Clou mon frère fou, je pense à toi, à toi qui es perdu dans le sombre des asiles, à toi qui vois des insectes et des rats grouiller tout autour de toi. Mon frère Clou, même si je ne peux être tout le temps présent à tes côtés dans le sombre asile, dis-toi bien que moi aussi, parfois, je vois tout autour de moi ramper des insectes et des rats. Clou mon frère fou, ils ont projeté sur toi un diagnostic issu de leurs propres tics et ils t'ont condamné à mourir avant d'être né. Clou mon frère fou, tu es un mort-né qui se promène comme un fœtus horrible dans les cages closes, signes de ton perpétuel exil. Clou mon frère fou, malgré les rats et les insectes qui semblent s'approcher de nous, s'approcher si près qu'elles nous donnent, ces bêtes horribles, la nausée. Mon frère Clou, malgré toutes ces profondes misères qui font de nous sur terre de pauvres hères, je te crie : espère, espère, car les sages passent pour des fous sur terre et bien malin, Clou mon frère, celui qui serait capable de nous juger sur notre misère. Clou mon frère fou, sagesse et folie sont unies et si un jour nous avons une crise extrêmement paranormale, que nos cris unis deviennent infernaux. Clou mon frère, avant que sur nos yeux tombent des flots de sang, nous aurons encore, je te le dis, la force de percevoir l'aurore. Clou mon frère fou, si l'on nous a diagnostiqués comme crépusculaires, cela ne nous empêche pas de savoir, nous frères de démence, que tout crépuscule appelle l'aurore intense.

Clou mon frère fou, pour t'ausculter ils se servent d'une lumière artificielle ; mais ne sois pas dupe, Clou mon frère, le vrai soleil, eux, ils ne l'ont jamais perçu : ils se veulent bien trop raisonnables pour cela. Clou mon frère fou, toi qui es à l'intérieur, moi qui suis de l'extérieur, on s'entend bien malgré les murs qui nous séparent, parce qu'il y a des nuits où nos cœurs perçoivent le soleil qui règne au milieu des étoiles.

Clou mon frère fou, avant qu'ils n'éteignent leur lumière artificielle, avant que ne revienne le noir, songe qu'à l'intérieur de ton être qui a profondément souffert vit une âme qui, avant de définitivement se rendre, est capable de percevoir la lumière naturelle, la lumière des simples et d'en garder de telles séquelles, qu'elle pourrait bien ton âme, Clou mon frère fou, devenir immortelle.

*
**

Clou mon frère fou, lorsque dans tes moments d'extrême lucidité tu t'exprimes, vient ensuite l'abîme : tu veux à tout prix faire valoir ton moi. Mais, Clou mon frère de démence, il suffit qu'à ce moment-là un être avec force et amour t'appelle pour que ton moi cruel se métamorphose en danse non conceptuelle.

*
**

Clou mon frère de démence, je t'ai vu un jour dans le parc immense fermé par des murs qui, bien qu'ils dansent, restent toujours aussi durs ; je t'ai vu parmi les fleurs chercher des ronces pour en faire un bouquet. Une fois ta cueillette terminée, tu t'es assis, ta récolte posée entre tes jambes écartées. Sans te soucier des perles de sang qui suintaient de tes doigts, tu as tressé une couronne d'épines : une couronne immense, Clou mon frère de démence, et, fait étrange, lorsque tu l'as posée sur ta tête, cette couronne, elle était exactement à ta mesure.

Une fois ton travail achevé, tu es resté longtemps sur place, immobile. Puis, subitement, tes deux mains ont frappé ta tête violemment, les épines t'ont blessé, de ton front le sang a coulé et s'est ajouté au sang à peine coagulé de tes mains blessées ; alors tu t'es mis à hurler, pas longtemps ! Deux fantômes à blouses blanches sur toi se sont rués et t'ont maîtrisé, ensuite ils t'ont passé la chemise de toile aux coutures fortes. Il m'a été donné d'assister alors à un spectacle baigné d'orage et d'éclairs, tu as, Clou mon frère, dans un geste ultime et désespéré, déchiré la toile indéchirable, tes deux bras ainsi libérés se sont mis en croix et tu m'as crié : « Seuls sont capables de véritablement commencer ceux qui ont suffisamment donné. »

Clou mon frère fou, je rends hommage à ton âme horriblement torturée : mon cœur sent qu'elle est un signe infime d'immensité.

## CHANT 38

Créateur mon frère, les senteurs de l'humus à ton cœur ne sont pas étrangrères. Créateur mon frère, la terre ta mère t'offre, par son végétal qui se décompose, un énorme bouquet de mort aux senteurs puissantes de vie.

Créateur mon frère, tu es un oiseau que je nommerais « éphémère doué » qui, nuit et jour, chante la mort pour appeler la vie.

*
* *

Créateur mon frère, ne confonds pas approche de la mort avec misère. Créateur mon frère, vois plutôt dans ton corps d'éphémère qui petit à petit dégénère, vois, Créateur mon frère, dans ce petit charnier, fleurir en pleine lumière la rose aux multiples pétales : multiples pétales qui, en se fondant en UN, se font quintessence d'essence pour régénérer dans la clarté ton corps vert de putréfaction. Créateur mon frère, lorsque le jour viendra où tu sentiras toutes tes forces d'éphémère te quitter, fais en sorte ce jour-là, Créateur mon frère, de laisser à ta bouche suffisamment d'élasticité pour qu'elle puisse dans un ultime chant honorer la vie.

*
* *

Créateur mon frère, une fois que tu auras bien compris ce que veulent dire les mots : Sagesse, Force, Amour, Beauté, tu seras sur le chemin qui mène à la simplicité.

*
* *

Créateur mon frère, mon cœur sent que quatre planches de chêne assemblées en cercueil ne seront pas une barrière suffisante pour t'empêcher, une fois mort, de tendre tes deux bras vers la lumière. Créateur mon frère, la vie est un perpétuel « encore », encore qui ne finit que lorsque l'âme, lasse des voyages, découvre l'Aurore fixe : l'Aurore des sages.

*
**

Créateur mon frère, le silence est comme la source : tous deux sont capables de recevoir les vibrations des chants issus des vies parfaitement désencombrées.

*
**

Créateur mon frère, cherche bien dans le ciel, car il existe une étoile, une étoile, Créateur mon frère, qui est ton parfait sosie. Et si, Créateur mon frère, ton attente et ta recherche, ce qui s'équivaut, sont au niveau du chant qu'exprime la voûte noire et constellée, tu pourras voir, Créateur mon frère, dans la nuit noire le soleil briller.

*
**

Créateur mon frère, lorsque viendra la fin de l'agonie et que se détachera de toi un petit être fragile et incertain, Créateur mon frère, tends tes mains vers lui et, je te le dis, ce ne sera pas en vain. Car ce petit être de lumière, jailli de ton être mort, est là pour te signifier que ta vie ne s'arrêtera pas à la pourriture de ton corps d'éphémère, bien au contraire, Créateur mon frère.

*
**

Créateur mon frère, fais en sorte que ta vie soit en osmose profonde avec la mort, afin de faire, Créateur mon frère, de ton état d'éphémère doué, une rose de lumière.

*
**

Créateur mon frère, rien de ce qu'a fait Dieu ton père n'est anecdotique. Créateur mon frère, le monde phénoménal est un univers où se meuvent des signes de lumière, signes, Créateur mon frère, qui incitent ceux qui savent véritablement voir à mourir pour renaître. Créateur mon frère, si ton cœur sent qu'il serait bon pour toi de te réincarner un jour dans la violette, le perce-neige ou le coquelicot, si tu as su durant ta vie, Créateur mon frère, rester simple et sincère : que ce soit dans la violette, dans le perce-neige ou dans le pavot, jamais ces réincarnations futures ne seront pour toi amères régressions. Créateur mon frère, ton génie peut faire que tu habites sans être dépaysé dans le monde végétal, animal, humain, voire même, Créateur mon frère, si véritablement tu as su saisir la magie du simple, le monde divin.

***

Créateur mon frère, ne laisse pas la confusion, voire même la complexité, ronger comme un cancer ta simplicité. Créateur mon frère, le simple est un breuvage amer pour les confus, c'est pour cela qu'il te faudra, pour dépasser ta confusion, boire le liquide amer et ce, jusqu'à temps que vienne la source au goût de miel.

***

Créateur mon frère, comme la terre ta mère, tu enfantes dans la douleur. Créateur mon frère, au-delà de tous discours même sensés, je te crie ce que je sens : enfanter, Créateur mon frère, c'est ton but sur terre et ce but, Créateur mon frère, jamais tu ne l'atteindras si tu n'es pas capable de mourir sans cesse, pour renaître conscient dans le berceau du nouveau-né. Créateur mon frère, ce n'est pas suffisant que tu chantes, danses et ris la vie, il faut aussi et surtout que tu la vagisses consciemment.

***

Créateur mon frère, si ton cœur sent qu'il ne te reste plus que quatre pas à faire, fais en sorte que cette marche ultime soit scandée par Amour, Sagesse, Force, Beauté.

*
**

Créateur mon frère, tu le sais bien toi qui as des ailes que l'on peut voler tout en ayant les pieds sur terre. Et lorsque tu effectues ton vol paradoxal qui te fait t'élever sans quitter la terre, tu es en mesure d'objectiver avec tes yeux de lumière cette terre ta mère. Et je sais bien, Créateur mon frère, que même à cette altitude tu es encore capable de sentir les odeurs fortes de l'humus, l'humus qui pourrit pour régénérer la terre au plus.

*
**

Créateur mon frère, si tu as su faire de ta vie une mort qui sans cesse renaît, lorsque viendra ta fin physique, sur ta tombe fleurira la plus belle des roses : une rose, Créateur mon frère, qui n'aura rien à voir avec l'éphémère, une rose de lumière qui sans cesse, par elle-même, se renouvellera et, Créateur mon frère, cette rose jamais ne fanera.

*
**

Créateur mon frère, lorsque tu montes un cheval sans selle et que tu sens toute la magie naturelle issue de l'harmonie d'un être, le cheval, d'un être de chair et de sang, qui partant du trot atteint progressivement le galop, galop qui poussé à son extrême l'écartèle. Créateur mon frère, si tu as vécu ce délire de centaure, n'oublie pas pour autant l'âne. L'âne qui ne galope pas quand l'homme veut, mais l'âne, Créateur mon frère, qui comme toi a du caractère. Et puis entre l'âne et toi, Créateur mon frère, il y a aussi un autre point commun : l'âne a porté la lumière il y a quelque deux mille ans et en a gardé sur son pelage la croix blanche des sages.

⁂

Créateur mon frère, ne te repose pas : attends pour cela d'être couché dans la terre ta mère. Et, Créateur mon frère, si ton humilité t'a conduit pur à cet état d'horizontalité, tu pourras voir alors malgré toi ton corps se redresser.

⁂

Créateur mon frère, l'intellect comme moyen, le cœur comme fin : fin qui porte en son sein l'Aurore qui enfante des crépuscules, des crépuscules qui, à leur tour, enfantent l'Aurore, et ce, Créateur mon frère, dans un mouvement perpétuel et fixe. Créateur mon frère, bien que tu sois habitué aux paradoxes, je sens d'ajouter, pour que mon propos soit clair, ces mots : le mouvement, lorsqu'il atteint le haut niveau de la danse de l'initié, est immobilité.

⁂

Créateur mon frère, c'est dans l'obscur que tu pourras trouver ton état d'être mature. Car de la nuit profondément sentie naît la lumière-vie.

⁂

Créateur mon frère, je t'en supplie, sous peine de devenir terre à terre à force de vouloir expliquer la lumière, Créateur mon frère, je t'en supplie, fais tout ce qu'il faut pour mourir à ce qui en toi est faux, afin de renaître en pleine lumière parmi les jacinthes, les églantines et les primevères.

Créateur mon frère, méfie-toi des mots inventés par les hommes, parce que même les plus brillants en apparence ne sont souvent que tristes concepts sans vie. Créateur mon frère, méfie-toi de ces signes ineptes, le mot rare est comme l'arbre, pour bien le comprendre, il faut considérer chez lui les racines, le tronc, les branches, les feuilles, le tout. Le tout, Créateur mon frère, qui, par la force de la sève qui en son intérieur circule, vit : vit parce que ouvert au soleil, à la terre, à l'eau et à l'air.

⁂

Créateur mon frère, si un jour la faiblesse de ton état de phénomène doué t'amenait en poussant des hurlements de souffrance à frapper à la porte de la chambre blanche sans fenêtre, Créateur mon frère, avant que le fantôme imprégné de matière ne vienne t'ouvrir, fuis, fuis la chambre blanche sans fenêtre, Créateur mon frère, et lorsque tu auras couru longtemps, couche-toi de tout ton long dans le champ de blés fraîchement coupés et quand la paille dure griffera ta peau jusqu'au sang, tu pourras alors sentir, Créateur mon frère, tout ton être régénéré par l'échange, l'échange : quelques grains de terre sous les épis coupés, de ton sang imprégnés tout entier. Et si dans le grand abandon, tu laisses cette magie naturelle se faire, il se pourrait bien alors, Créateur mon frère, que de ton cadavre par la terre absorbé jaillisse à la prochaine récolte un pavot pourpre.

⁂

Créateur mon frère, le dogme sert à cristalliser les religions, mais le cœur, lui, n'est jamais « stalactite » : il est battement vivant qui sans cesse se régénère par le sang, le sang, Créateur mon frère, qu'aucun dogme éphémère ne peut coaguler.

⁂

Créateur mon frère, lorsque tes pas se feront lourds et que tu sentiras toute la misère de ton état de phénomène, le temps sera alors venu où il te faudra mourir supplicié à chaque pas que tu feras, afin de percevoir là-bas, très loin au bout du chemin, une croix remplie de lumière qui régénère.

⁂

Créateur mon frère, le soleil s'est couché, vient la fatigue. Mais si, durant la journée, tu as eu la force d'assumer ton état de médium, la nuit, par tes rêves éclairée, se changera en Aurore riche d'une lumière telle, qu'à ton réveil, tu t'en trouveras régénéré : apte à affronter une nouvelle journée.

⁂

Créateur mon frère, la poétique est la voie unique par laquelle l'homme est capable d'anéantir tout ce qu'il y a en lui de cynique. Créateur mon frère, la poétique est un chemin qui mène à la lumière. Alors, Créateur mon frère, sois poète dans le sens strict de l'initiatique et, fort de ces principes : chante, danse et ris ta création.

## CHANT 39

Clou mon frère, toi que souvent la folie exaspère, tu es le seul être qui a ri d'un grand rire sain, lorsque je t'ai dit qu'un sexe de femme caressé par une fleur sauvage pouvait donner naissance à un androgyne de cristal.

Clou mon frère fou, je sais que tu tomberas un jour définitivement exactement en même temps que la dernière feuille d'automne du dernier arbre qui avant l'hiver se dépouille. Clou mon frère, même si la folie secoue jusqu'à ce que tu en meures ton état d'éphémère qui sans cesse sur cette terre a versé des pleurs fous et sincères, Clou mon frère, comme la dernière feuille d'automne qui tombe sur la terre pour faire, avec l'hiver, un humus fort qui régénère, Clou mon frère, ta folie est comme la dernière parcelle d'automne, une mort aux reflets d'or, capable de changer la boue en humus fertile pour l'humanité.

*
**

Clou mon frère fou, c'était pour toi un jour de grande crise, un jour où sur ta vie tu ne semblais plus avoir de prise. Lorsque je suis arrivé pour te visiter, tu avais les doigts pleins de sang, parce qu'à force d'avoir trop gratté la terre de la cour inhumaine où tu es enfermé, tu t'étais blessé. Lorsque je t'ai parlé, ta tête brusquement s'est relevée et tu t'es arrêté de gratter, alors tes lèvres ont remué pour me dire : « Sous cette terre dure, vit une araignée ; prisonnière que je dois délivrer. » Ne trouvant rien à ajouter, tu as continué de creuser... lorsque la terre humide est apparue, tes doigts rouges ont cueilli une fraise sauvage que tu m'as offerte sans me regarder. Puis comme si tes mains avaient découvert un trésor fabuleux, inépuisable, tu as encore tiré de la terre mille autres fruits sauvages : tu me les as tous offerts. Ta cueillette terminée, tu t'es levé et, le corps bien droit immobilisé dans une étrange fixité, tu as attendu sans parler... Au bout de quelque temps, une araignée en zigzaguant, une araignée ivre de soleil est sortie de la terre noire ; le long de ton corps, elle a grimpé et, entre tes deux mains tendues, a commencé à tisser sa toile.

Incapable de comprendre une synchronicité aussi sublime, je t'ai quitté, Clou mon frère fou, afin que ma présence inopportune n'empêche pas l'araignée, par toi délivrée, d'achever entre tes deux mains tendues sa toile.

⁂

Clou mon frère fou, c'était un soir d'orage, tu faisais des bonds terribles ; sentant ces périlleux exercices dangereux pour ta vie, j'ai tendu mes bras et t'ai reçu ; tu étais bien léger, non pesant. Lorsque le lendemain, sur cet événement, je t'ai interrogé, tu m'as tout simplement dit : « J'essayais de voler », alors je t'ai répondu : « Tu as réussi ! puisque lorsque mes bras ont reçu le choc de ton corps ils n'ont pas été meurtris. »

⁂

Clou mon frère fou, c'est parce que tu es profondément simple qu'ils t'ont enfermé. Et maintenant, pauvre hère, tu erres dans l'univers concentrationnaire. Clou mon frère fou, tu es le constructeur d'un circuit rempli d'embûches sur lequel à chaque virage le train risque de dérailler et pourtant, Clou mon frère, mon cœur sent que tu es capable, malgré la structure infernale de ce circuit par toi créé, d'être l'auteur d'un prodige qui consiste à construire un circuit de rails d'apparence hasardeuse, mais qui, en fait, sont des rails droits qui mènent du simple à la démence, qui mènent de la démence au simple.

*
**

Clou mon frère fou, c'est parce que tu as voulu danser, chanter et rire jusqu'à l'extrême qu'ils veulent faire de toi, eux, les soupçons d'êtres à faces blêmes, un prisonnier que leur médiocrité enchaîne. Clou mon frère extrême, il règne sur le monde de ta pathologie une reine qui sans cesse se penche sur ses sujets malades. Et, Clou mon frère abîmé, il suffit qu'un pauvre hère égaré trouve encore en lui la force d'élever son regard pour que la reine du monde bizarre transforme les yeux hagards en joyaux extrêmement rares.

## CHANT 40

Créateur mon frère, il te faut, pour être digne du don que t'a fait Dieu ton père, métamorphoser les pâles concepts que sont les mots en danseurs de cristal.

Créateur mon frère, si tu es simple et sincère, l'étoile pour toi sera ombrelle.

*
**

Créateur mon frère, lorsque tu sentiras pleinement l'atroce misère de ton état de phénomène éphémère, tu auras alors dans la bouche le goût amer de ceux qui sentent qu'ils dégénèrent. Mais, Créateur mon frère, ne t'arrête pas sur de telles chimères, ne t'arrête pas à cet à priori, prends plutôt le temps de respirer pleinement ; alors tu pourras voir dans ton énorme inspir la mort hideuse, la mort lépreuse, la mort inhumaine se métamorphoser en vie certaine. Créateur mon frère, tu es comme un chien par rapport à Dieu ton père, un chien de race, fidèle jusqu'à la mort et ton os à toi, Créateur mon frère, c'est la lumière.

*
**

Créateur mon frère, tu le sais bien, toi, qu'il faut souffrir beaucoup pour vivre un peu. Mais ce peu, Créateur mon frère, est semblable aux minuscules gouttes d'eau qui jaillissent des vagues de la mer lorsqu'elles viennent heurter la terre : minuscules gouttes d'eau qui, par la magie des rayons solaires, se font perles imprégnées de lumière.

*
**

Créateur mon frère, toi qui maintes fois en clignant des yeux as dialogué avec la lumière, tu le sais bien que cette source de feu, nul ne pourra jamais la polluer. Créateur mon frère, tu m'as bien compris, cette source a vécu, vivra, vit au plus profond de ta fragilité d'éphémère. Créateur mon frère, montre-toi digne du don que t'a fait Dieu ton père, bois à cette source et, si tu le fais, ton cœur comprendra alors la sublime métamorphose : la sublime métamorphose que vivent ceux qui sont pleinement conscients de la conscience du cœur, la métamorphose, Créateur mon frère, qui est transmutation effectuée en pleine lumière.

*
**

Créateur mon frère, si l'approche de la mort physique tend à faire de toi une misère, fais en sorte, Créateur mon frère, que l'agonie devienne pour toi une épiphanie ! L'Epiphanie, Créateur mon frère, c'est la vue du haut et, de cette montagne-là, si ton cœur, malgré les profondes douleurs, reste sincère, tu pourras voir ton corps de chair qui, peu à peu, devient vert, se métamorphoser en poussière d'or, infimes parcelles nées pour constituer une Unité nouvelle.

*
**

Créateur mon frère, c'est parce que Dieu existe que tu peux dans la nuit la plus noire danser, chanter, rire l'espoir. Créateur mon frère, c'est grâce à ton père de lumière que dans le noir tu peux voir ton être se métamorphoser en étoile unique. Créateur mon frère, tu n'es qu'une bribe de lumière ; mais cette bribe, cette insignifiance, ce rien est, par la magie de l'UN : Tout.

*
**

Créateur mon frère, ne fais pas de Dieu ton père un concept rigide et sévère, considère-Le plutôt comme un axe jaillissant de lumière. Créateur mon frère, je ne te demande pas de justifier ton sentir, puisque, entre nous, il ne peut être question de justification. Alors, Créateur mon frère, entendons-nous, sans rien expliquer, sentons le point précis par lequel nous sommes unis. Et même, Créateur mon frère, si ce point nous apparaît comme une tache sombre sur la lumière, ce point apparemment parasitaire, lorsque véritablement nous serons morts, Créateur mon frère, afin de renaître en pleine conscience, ce point apparemment sombre se transformera alors en parcelle blanche, parcelle apte à parfaitement s'intégrer à la lumière, la lumière qui par la toute-puissance de ses émanations vibrées chante l'Unité. Créateur mon frère, il faut savoir durant sa vie d'éphémère se préparer à la transmutation. Et si par faiblesse, Créateur mon frère, tu doutais de la toute-puissance de la lumière, mon cœur sentirait d'ajouter à mon propos ceci : le soleil phénoménal nous donne l'exemple : il est ce luminaire central, le foyer par lequel tout ce qui vit est transmuté.

***

Créateur mon frère, être perméable au stable c'est retrouver la qualité dans le relatif.

***

Créateur mon frère, comme le serpent tu perds ta peau et lorsque ta nouvelle peau en plein soleil se déploie, laisse, Créateur mon frère, la lumière vive parfaire à la mutation. Créateur mon frère, être serpent et ramper vers la lumière incite à se redresser et, de ce fait, à monter comme un serpent à pattes qui, sans cligner de l'œil, fixe la lumière : le but non pensé.

## CHANT 41

Clou mon frère fou, ne t'étonne pas si tu as souvent dans ta bouche un goût salé. Car si tu as cette impression, ce goût proche de la mer, c'est parce que la mer en toi rugit et qu'elle laisse en se retirant, sur ta langue hypersensible, des bribes d'elle-même, des séquelles de sel.

Clou mon frère fou, tous les anormaux du monde sentent tellement la profondeur de ton visage que le soleil inonde, qu'ils ont, Clou mon frère fou, forts de ta force, su extraire malgré leur pauvreté, leur débilité, leur état de mal-nés, ils ont su, te dis-je, Clou mon frère prodige, extirper du chaos atroce de leur démence toujours trop précoce des bribes d'or, afin, Clou mon frère fou, de t'offrir, par ces parcelles, Tout. C'est pour cela, Clou mon frère de démence, que, par reconnaissance envers tous les déments qui hurlent, j'ai vu, dans tes yeux immenses, des éclairs communicatifs capables de transcender toutes les carences des éphémères mal-aimés. Clou mon frère de misère, Clou mon frère de lumière, Clou mon frère de souffrance, Clou mon frère d'outrances, Clou mon frère de démence, Clou mon frère immense, Clou mon frère, je t'aime ! parce que mon cœur sent que malgré tous les blasphèmes qu'ils ont vomis sur toi sous forme de diagnostics, mon cœur sent, Clou mon frère suprême, que toi seul dans tes moments de conscience extrême es capable de me crier : « Je t'aime. »

***

Clou mon frère fou, je t'ai trouvé un jour dans le petit bois tout au fond du parc de l'hôpital ; tu cueillais des fleurs, des coquelicots surtout. Ne voulant pas te déranger, derrière un buisson de ronces, je me suis dissimulé et t'ai observé.

Les fleurs bien étalées devant toi sur la mousse humide, une par une, tu les choisissais, une fois ton choix terminé, avec les fleurs les plus belles, tu t'es fait une couronne, le rouge dominait à cause des pavots. Après avoir regardé quelque temps ton chef-d'œuvre, tu as pris la coiffe de fleurs, l'as mise sur ta tête et, fier comme un roi qui serait maître de l'étrange, immobile, tu attendais. Un insecte couleur de miel, je crois bien que c'était une abeille, est venu se poser sur tes cheveux au centre de la couronne rouge : après avoir butiné, l'insecte s'est envolé.

⁂

Clou mon frère fou, tu m'as demandé un jour où tu étais pleinement lucide : « Est-ce que lorsque je m'exprime, je parle un dialecte absolument étranger ? » Me sentant concerné en tant qu'étranger, je t'ai répondu : « Le langage que tu parles, Clou mon frère de démence, est tellement immense que moi, pauvre hère de l'extérieur, je n'ai pu en faire qu'un humble " tendre vers " le rire, le chant et la danse. » Clou mon frère fou, ton langage est comparable au bruit inaudible que font les étoiles lorsqu'elles se promènent. Clou mon frère fou, rampant sur ma petite sphère égocentrique qui toujours étrique, je n'ai pu percevoir le langage vibré du monde stellaire que par ton intermédiaire, c'est pour cela que je te dis : « Non, ton dialecte n'est pas nuit, il est langage ; il est hiéroglyphe lumineux. »

⁂

Clou mon frère fou, tu habites des rives où la plupart du temps, comme un somnambule tourmenté, tu te promènes ivre ; mais, Clou mon frère, même si à mon état de phénomène ces rives sont terriblement lointaines, lorsque je fouille en moi et qu'à force de percer je trouve des vibrations intenses, Clou mon frère fou, dans cette intériorité, je rencontre le point commun qui fait de nous, Clou, qui fait de nous, te dis-je, sans que subsiste ne serait-ce qu'une parcelle d'ambiguïté, des êtres unis parce qu'habitant tous deux des rives sur lesquelles nos fragilités se promènent en somnambules inconscients. Mais, Clou mon frère, je te le dis, dans cette inconscience, dans notre folie, vit une surconscience qui a tout à voir avec la lumière, avec l'essence.

Clou mon frère fou, le sais-tu ? Sais-tu que sur les rives les plus amères, là où le pied se fait très lourd, là où chaque progression fait saigner, sais-tu que, sur ces rives sombres, les taches rouges que fait ton pied nu donnent à ces contrées inhumaines des teintes qui, par leur profondeur, transcendent nos fragilités de phénomènes torturés ?

Clou mon frère fou, durant ta vie, l'intuition de l'immensité t'a mené je ne sais où, mais de ces immenses saveurs d'infini, Clou mon frère dans la démence, tu as su garder l'odeur quintessenciée de la rose folle qui en plein automne fleurit en confondant les saisons. Clou mon frère fou, nous sommes comme les roses d'automne, dans nos instants hauts nous sentons la lumière qui partout foisonne ; nous confondons les saisons comme la rose qui fleurit aussi bien en été qu'en hiver, mais comme la rose, qu'elle soit d'hiver, de printemps, d'été ou d'automne, nous avons des épines, Clou mon frère, et ces épines sont intérieures ; elles nous percent la chair au-delà de sa surface et lorsque la couronne d'épines, Clou mon frère fou, a percé profondément l'échine, le sang coule à flots, à plein ruisseau, en source. Mais avant, Clou mon frère fou, que la gigantesque hémorragie ne nous noie dans des mers pourpres et infinies, notre petit être qui a profondément et cruellement souffert saura voir encore, dans les flots de sang rouges, une petite pointe de lumière blanche et je te le dis, Clou mon frère fou, c'est à cause de cette perception infime de la lumière digne que nous éviterons le noir absolu. Car la lumière, lorsqu'elle se manifeste, laisse dans l'être, Clou mon frère, des marques indélébiles.

⁂

Clou mon frère fou, regarde ceux qui, lors de tes accès de démence, font semblant d'être atteints par tes profondes souffrances ; regarde-les bien, ils sont économes, eux, et ont plus de santé que toi : ils ont vite fait de s'arranger avec leur petite personnalité. Mais toi, Clou mon frère de démence, à ton être pourtant sans cesse torturé, tu demandes des comptes, et ne s'arrêteront pour toi questions et réponses que, lorsque couché sur une table blanche, ivre de pilules vertes, rouges et jaunes, tu rejetteras dans un dernier souffle puissant et rauque tous les artifices dont ils ont sali ta vie. Clou mon frère fou, allongé sur la table de fer recouverte d'un drap blanc, ton visage sera alors détendu et immobile. Inspiré par la mort, tu transcenderas alors les fantômes à blouses blanches qui piquent, empoisonnent et tuent ! Tu transcenderas alors, Clou mon frère fou, dans l'immobilité absolue de ta mort ce qu'ils ont voulu faire de ta démence. Clou mon frère fou, lorsque viendra ce jour, ton être impalpable rempli de quintessence vivante pourra, totalement libéré, chanter, rire et danser.

⁂

Clou mon frère fou, je t'ai vu un jour arracher un morceau de journal et y enfermer des violettes, des primevères, des coquelicots et des digitales. Puis, après avoir roulé avec application cette étrange cigarette, tu m'as demandé du feu, et lorsqu'ensemble nous observions les volutes que faisait la fumée de la cigerette non réglementaire, par moments, tu cherchais à prendre dans tes mains les cercles de fumée bleue. Comme tu n'arrivais pas à les saisir, j'ai essayé de t'aider à cueillir les ronds impondérables. Comprenant que ce jeu ne nous mènerait à rien, je te l'ai dit et tu m'as répondu : « Si nous ne sommes pas capables de saisir l'essence qui se dégage en volutes du coquelicot, de la violette, de la digitale et de la primevère mélangés, nous sommes fous à lier. » Ne trouvant rien à te répondre, je t'ai quitté, Clou mon frère fou, et sur le chemin du retour j'ai entendu longtemps tes cris qu'ils appellent inhumains. Lorsque le silence est revenu, dans le calme de la nuit noire, j'ai vu fleurir en pleine lumière des violettes, des coquelicots, des digitales et des primevères.

⁂

Clou mon frère fou, je t'ai vu un jour essayer de marcher sur l'eau et, comme tu ne savais pas nager, tu t'es noyé.

Depuis ce temps, il m'arrive souvent de m'asseoir sur la berge et de fixer le fleuve immense. Au cours d'une de ces méditations, j'ai vu apparaître sur l'eau une silhouette qui étrangement te ressemblait : une silhouette qui, malgré tous les éléments alors déchaînés, compatibles et unis pour détruire cette ombre blanche et fragile, continuait de danser et rien ni personne ne semblait pouvoir arrêter cette petite bribe d'être, ce petit morceau de rien.

## CHANT 42

Créateur mon frère, l’absolu n’est pas à la portée de l’homme ; mais dans le cœur de l’homme.

Créateur mon frère, tu n'es pas un fou de Dieu, tu es mieux : tu es une poussière imprégnée de lumière, tu es, Créateur mon frère, une banalité haussée jusqu'à la divinité, par le don que tu as de parfaitement restituer ce qui t'a été confié.

⁂

Créateur mon frère, ne passe jamais indifférent à côté de l'humble violette sous prétexte que pour la voir il faut se pencher. Créateur mon frère, la minuscule fleur exprime, pour le cœur de celui qui sait sentir véritablement, des trésors aussi profonds et discrets que le sont les trésors alchimiques. Et puis, Créateur mon frère, lorsqu'en hiver la plupart des fleurs dorment dans le sein de la terre en attendant la venue du printemps vert, si tu as eu l'humilité de te pencher, tu ne pourras jamais oublier la violette, quintessence d'humilité. Et même, Créateur mon frère, si ta mémoire en plein hiver venait à défaillir, des reflets mauves sur la neige blanche immaculée viendraient te rappeler ce qu'est l'humilité.

⁂

Créateur mon frère, il ne te suffit pas de savoir chanter, danser et rire sans avoir appris : il faut encore que ton chant, ta danse et ton rire atteignent un tel degré de teinture pourpre qu'ils en soient contagieux.

⁂

Créateur mon frère, prends un verre de cristal pur, puis verse dans cette transparence quelques gouttes de grand vin. Ensuite, Créateur mon frère, lève le verre et son contenu vers la lumière et avant de porter la coupe à tes lèvres, avant de boire, assure-toi que ton intériorité avec les rubis dans le cristal, par le vin mille fois répétée, est en harmonie.

*
**

Créateur mon frère, le spectacle est un rite vulgaire au cours duquel les hommes jouent avec la lumière. Mais toi, Créateur mon frère, tu n'es pas un homme de spectacle, tu es un danseur qui se doit de danser non avec, mais dans la lumière.

*
**

Créateur mon frère, si le parfum de la rose te paraît fade et insipide, si le goût du miel te semble sucre sans nuance, couche-toi près d'un rucher où fleurissent des rosiers et lorsque l'abeille et l'épine de la rose t'auront suffisamment piqué, si tu n'en meurs pas, tu seras alors un véritable éveillé capable de sentir dans le parfum de la rose des subtilités de non-finir. Tu seras alors, Créateur mon frère, capable de sentir, dans le miel aux reflets d'or, la merveilleuse alchimie née des mille fleurs à la saveur unique.

*
**

Créateur mon frère, si tu sais faire de ton état d'éphémère ne serait-ce qu'une minuscule tache pourpre, il se pourrait bien alors que ton passage sur terre se transforme en teinture indélébile. Créateur mon frère, un point minuscule profondément imprégné de pourpre est capable de soutenir le dialogue muet avec l'étoile géante qui danse dans l'immense.

*
**

Créateur mon frère, tu te dois de faire de la mort un « espère ». Car lorsque ton cœur en forêt tu as promené, il t'a sans cesse répété : de l'humus naît le chêne à la silhouette fière. Créateur mon frère, mourir pour renaître, c'est sentir au moins une fois dans sa vie toute la profonde subtilité du parfum de l'humus qui en automne s'exprime au plus.

*
**

Créateur mon frère, le cœur lorsqu'il se souvient n'est pas mémoire, il est vision : vision de l'essentiel, l'essentiel qui est toujours PRESENT.

*
**

Créateur mon frère, Dieu t'a donné le génie, alors ne t'attends pas à ce que ta vie sur terre soit facile. Créateur mon frère, tu es un cœur écorché qui bat sur le rythme de la vie intense. Créateur mon frère, par les pulsions de ton sang, tu es en osmose avec les vagues puissantes de la mer ; la mer, Créateur mon frère, qui comme ton sang a un goût de sel, le sel, Créateur mon frère, qui existe et vit également dans le sein de la terre ta mère. Créateur mon frère, ne te contente pas d'avoir découvert l'existence du sel dans la terre et l'eau : sois plus sévère dans tes études, sois conscient que le sel vit également dans l'air et dans le feu. Créateur mon frère, bien considérer cette substance première, c'est honorer le principe qui lie. Créateur mon frère, le sel est générateur d'osmose : c'est là ce que savent tous ceux qui savent pouvoir, oser et puis se taire.

*
**

Créateur mon frère, la rose qui pousse sur la lave du volcan n'est pas plus paradoxale que celle qui naît dans le jardin où jouent les enfants. Car, Créateur mon frère, la rose bien qu'elle soit issue de la terre est surtout fille de lumière.

*
**

Créateur mon frère, ils ont donné à boire du vinaigre à Celui qui agonisait sur la croix. Et pourtant, Lui, la Lumière, a changé pour les hommes ses frères le sang en vin. Et ce afin, Créateur mon frère, que toute parcelle, même la plus infime, puisse boire à la source pourpre irradiée de lumière. Créateur mon frère, tu le sais bien, toi, que boire une infime partie de ce breuvage rouge, c'est sentir tout son être vivre jusqu'à l'intense.

⁂

Créateur mon frère, perdu dans le cirque infernal des incarnations banales, tu souffres. Mais que cette souffrance, Créateur mon frère, ne te fasse pas oublier qu'une piste, qu'un cercle, c'est fait pour recevoir la lumière. Alors, Créateur mon frère, lorsque comme une bête de cirque tourne et souffre ton état de phénomène jusqu'à la panique, trouve en toi les forces pour, ne serait-ce qu'une fois, lever la tête et voir se dessiner, dans les lumières artificielles du cirque infernal, l'X de la lumière véritable. Créateur mon frère, sois courageux, sois digne, sois noble : réponds de toutes les forces de ton cœur à cette petite lueur. Créateur mon frère, tu le sais bien, toi, que l'X de la lumière perçue dans l'éphémère est le signe du certain et de l'absolu : signe qui prouve que la lumière existe partout et irradie Tout.

⁂

Créateur mon frère, prends de l'eau de source dans un bol de terre, puis fais un feu avec des sarments de vigne ; délicatement, cueille quelques brins de lavande et, dans l'eau de source, laisse-les tomber. Avant que l'eau ne parvienne à ébullition, retire le tout du feu et, avec une feuille de vigne, couvre le récipient de terre, puis attends : attends le temps qu'il faut pour que tu sois véritablement en mesure d'entendre le chant de l'oiseau et lorsque ton cœur te fera savoir que le temps est venu, enlève la feuille de vigne, prends le bol de terre, porte-le à tes lèvres et bois : bois le liquide aux saveurs de quintessence que t'offre, en récompense de ton attente sans impatience, la terre ta mère.

⁂

Créateur mon frère, semblable au coquelicot, tu es rouge profond qui se différencie par rapport à l'ensemble. Mais, Créateur mon frère, pour t'élever au niveau du pavot pourpre, il te faudra être capable de faire danser tes rouges en harmonie avec la lumière.

⁂

Créateur mon frère, n'écoute pas ceux qui par complaisance t'appellent génie. Créateur mon frère, comme la rose qui s'écartèle en pleine lumière, le génie ne s'appelle ni ne s'explique. Créateur mon frère, mieux que les mots enjôleurs qui te sont adressés, retiens surtout de l'autre le regard franc qui en te fixant appelle en toi tout ce qui est lumière.

Créateur mon frère, n'oublie jamais que celui qui demande sincèrement la lumière la possède déjà en lui et que son ultime quête n'est pas une prière qui t'est adressée, Créateur mon frère, mais un désir profond de s'unir avec ce qui vit véritablement en toi : le don que t'a fait Dieu ton père, ton génie.

⁂

Créateur mon frère, si le don que t'a fait Dieu ton père te permet de parler la langue des oiseaux, ne cherche surtout pas à savoir pourquoi : entends plutôt avec ton cœur les propos issus de tes profondeurs et si tu fais cela, Créateur mon frère, il se pourrait bien alors que, de chaque mot que tu prononces, tu découvres la racine ; une racine, Créateur mon frère, appartenant à un arbre de lumière, un arbre dont les senteurs ne sont pas coutumières, puisque la sève de cet arbre-là est composée des essences de tout ce qui vit sur terre.

⁂

Créateur mon frère, si tu veux que nous restions amis, ne cherche jamais à expliquer le printemps : comprends plutôt, par tes narines, toutes les senteurs sublimes et infimes, infimes à force de se mélanger. Sens, Créateur mon frère, que ce sublime mélange est un appel de la nature manifestée, pour te faire entrevoir, Créateur mon frère, l'essence, l'Unité.

⁂

Créateur mon frère, pour créer il ne faut jamais se forcer, car si tu te laissais aller à une telle facilité, il pourrait bien alors se faire que tu confondes effort cérébral avec création. Créateur mon frère, créer c'est être en mesure d'accoucher en être désencombré. Créateur mon frère, tout enfant né de la grâce est un défi à la pesanteur.

⁂

Créateur mon frère, extrais le jus, tout le jus de ton état de phénomène et vois, Créateur mon frère, si le nectar exprimé a la couleur pourpre du fragile pavot que même le plus brûlant des soleils ne parvient pas à ternir. Créateur mon frère, si ce que tu viens d'extraire possède cette puissante teinture, il n'y aura plus pour toi ni passé ni futur, parce que, Créateur mon frère, ce pourpre-là est le signe lumineux du présent perpétuel.

⁂

Créateur mon frère, Amour, Sagesse, Force, Beauté sont quatre mots quintessenciés qui, lorsqu'on sait les épeler, ne font qu'UN.

*
**

Créateur mon frère, tu es un médiateur immédiat de la lumière.

*
**

Créateur mon frère, tu es une harpe dont les cordes hypersensibles émettent des vibrations telles qu'on pourrait dire de toi, Créateur mon frère, que tu es un instrument éternel.

*
**

Créateur mon frère, la poétique est une voie lumineuse qui conduit, si l'on a la force de souffrir tout en conservant sa beauté, à la porte ouverte. A partir de ce seuil, celui qui sait peut voir la rose aux multiples pétales s'épanouir au plus sous les rayons de l'Aurore : l'Aurore qui, par la magie propre à tout ce qui véritablement débute, peut faire des pétales multiples une fleur unique qui contient toutes les roses d'essence.

*
**

Créateur mon frère, tu ne crées pas pour plaire : tu crées pour être en harmonie avec la lumière.

*
**

Créateur mon frère, Dieu existe ! Et dis-toi que même si aucun écrit, abordé à priori, ne peut prouver ce que je te dis, dis-toi bien, Créateur mon frère, que, pour avoir une certitude quant à Dieu, il faut fuir tous les à priori, chercher la solitude. Et si cette solitude, Créateur mon frère, est inspirée, tu pourras y voir jaillir et la source et le feu, et le vent et la terre. Tu pourras y voir, Créateur mon frère, dans cette solitude, tous les éléments se fondre, si ton cœur comme celui de l'enfant aborde la toute silencieuse par le simple et le sincère. Si tu es capable de vivre cela, Créateur mon frère, tu pourras voir toutes les formes se fondre en UNE : en une forme, Créateur mon frère, aux reflets bleus et pourpres de quintessence et en l'occurrence, Créateur mon frère, dis-toi bien que l'habit fait le moine. En effet, quoi de plus beau qu'une robe de bure rêche et dure qui revêt un être riche et pur.

⁂

Créateur mon frère, ta présence, ô combien présente, comme si c'était possible, rend encore plus intense la quintessence.

⁂

Créateur mon frère, ne regrette pas les veillées d'antan et les flammes qui chauffaient l'atmosphère intime propice au conteur. Car, Créateur mon frère, ces flammes c'est de toi qu'elles doivent jaillir, tu te dois d'être à la fois le bois rempli de résine et la flamme qui de la bûche s'exprime : exprime, Créateur mon frère, que, malgré l'opacité des apparences, le subtil parvient toujours à s'extraire de l'épais, afin, Créateur mon frère, de rejoindre la lumière, la lumière au centre de laquelle chante, danse et rit la quintessence.

⁂

Créateur mon frère, je te le dis : il te faut, pour danser dans la ronde de lumière, vivre ivre ! Vivre ivre, Créateur mon frère, non de l'ivresse de l'homme qui commence à vomir sa vie ; mais vivre ivre comme le papillon qui, malgré l'apparence trompeuse de la dispersion, zigzague de nature en nature pour trouver l'essence.

⁂

Créateur mon frère, c'est par la qualité de la relation que le multiple devient UN.

⁂

Créateur mon frère, Amour, Sagesse, Force, Beauté engendrent Unité.

Créateur mon frère, si comme un enfant tu t'amuses à compter les pétales d'une fleur des champs : je t'aime, un peu, beaucoup, passionnément, à la folie ! Créateur mon frère, si tu appliques ce jeu à la simple églantine, tu pourras associer en comptant les pétales de cette fleur première : un-Amour, deux-Sagesse, trois-Force, quatre-Beauté ; quant au cinquième pétale de la toute simple, si véritablement, Créateur mon frère, tu sais compter, il te ramènera à l'Unité.

⁂

Créateur mon frère, Clou mon frère fou, si je dialogue avec vous depuis si longtemps, c'est pour que nos voix, mes frères, par nos cœurs régénérées, chantent au plus l'hymne à l'UNITE.

« *Spiritualités vivantes* »
Collection fondée par Jean Herbert
au format de poche

1. *La Bhagavad-Gitâ*, de Shrî AUROBINDO.
2. *Le Guide du Yoga*, de Shrî AUROBINDO.
3. *Les Yogas pratiques (Karma, Bhakti, Râja)*, de Swâmi VIVEKÂNANDA.
4. *La Pratique de la méditation*, de Swâmi SIVANANDA SARASVATI.
5. *Lettres à l'Ashram*, de GANDHI.
6. *Sâdhanâ*, de Rabindranâth TAGORE.
7. *Trois Upanishads (Ishâ, Kena, Mundaka)*, de Shrî AUROBINDO.
8. *Spiritualité hindoue*, de Jean HERBERT.
9. *Essais sur le Bouddhisme Zen*, première série, de Daizetz Teitaro SUSUKI.
10. — *Id.*, deuxième série.
11. — *Id.*, troisième série.
12. *Jnâna-Yoga*, de Swâmi VIVEKÂNANDA.
13. *L'Enseignement de Râmakrishna*, paroles groupées et annotées par Jean HERBERT.
14. *La Vie divine*, tome I, de Shrî AUROBINDO.
15. — *Id.*, tome II.
16. — *Id.*, tome III.
17. — *Id.*, tome IV.
18. *Carnet de pèlerinage*, de Swâmi RAMDAS.
19. *La Sagesse des Prophètes*, de Muhyi-d-dîn IBN 'ARABÎ.
20. *Le Chemin des Nuages blancs*, d'ANAGARIKA GOVINDA.
21. *Les Fondements de la mystique tibétaine*, d'ANAGARIKA GOVINDA.
22. *De la Grèce à l'Inde*, de Shrî AUROBINDO.
23. *La Mythologie hindoue, son message*, de Jean HERBERT.
24. *L'Enseignement de Mâ Ananda Moyî*, traduit par Josette HERBERT.

Nouvelles séries dirigées par
Marc de Smedt

25. *La Pratique du Zen*, de Taisen DESHIMARU.
26. *Bardo-Thödol. Le Livre tibétain des morts*, présenté par Lama ANAGARIKA GOVINDA.

27. *Macumba. Forces noires du Brésil*, de Serge BRAMLY.
28. *Carlos Castaneda. Ombres et lumières*, présenté par Daniel C. NOËL.
29. *Ashrams. Grands Maîtres de l'Inde*, d'Arnaud DESJARDINS.
30. *L'Aube du Tantra*, de Chogyam TRUNGPA et H. V. GUENTHER.
31. *Yi King*, adapté par Sam REIFLER.
32. *La Voie de la perfection. L'enseignement secret d'un maître kurde en Iran*, de BAHRÂM ELÂHI.
33. *Le Fou divin, Mogi tantrique tibétain du XVI^e siècle*, de Drukpa KUNLEY.
34. *Santana, l'enseignement de Maître Goenka en Inde*, de Dominique GODRÈCHE.
35. *Dialogues avec Lanza del Vasto*, par René DOUMERC.
36. *Techniques de méditation et pratiques d'éveil*, de Marc de SMEDT.
37. *Le Livre des secrets*, de BHAGWAN SHREE RAJNEESH.
38. *Zen et arts martiaux*, de Taisen DESHIMARU.
39. *Traité des Cinq Roues (Gorin-no-Sho)*, de Miyamato MUSASHI.
40. *La Vie dans la vie. Pratique de la philosophie du sâmkhya d'après l'enseignement de Shrî Anirvân*, de Lizelle REYMOND.
41. *Satori. Dix ans d'expérience avec un Maître Zen*, de Jacques BROSSE.
42. *Discours et sermons*, de HOUEÏ-NÊNG, traduit par Lucien HOULNÉ.
43. *Tao Te King*, de LAO TSEU.
44. *Questions à un Maître Zen*, de Taisen DESHIMARU.
45. *Les Contes des arts martiaux*, recueillis par Pascal FAULIOT et présentés par Michel RANDOM.
46. *Essais sur les mystiques orientales*, de Daniel ODIER et Marc de SMEDT.
47. *Zen et vie quotidienne*, de Taisen DESHIMARU.
48. *Le Désert intérieur*, de Marie-Madeleine DAVY.
49. *La Sagesse de l'éveil*, textes présentés par Marc de SMEDT.
50. *L'Esprit guide, entretiens avec Karlfried Durckheim*, par Frantz WOERLY.
51. *Les Appeleurs d'âmes. L'Univers chamanique des Indiens des Andes*, de Sabine HARGOUS.
52. *Le Chemin de la Lumière, la Voie de Nur Ali Elâhi*, par BAHRÂM ELÂHI.
53. *L'Art de la réalisation*, de CHANDRA SWAMI.
54. *Le Trésor du Zen*, de Maître DOGEN, traduit et commenté par Taisen DESHIMARU.
55. *Aphorismes*, de TCHOUANG TSEU, présentés par Marc de SMEDT.
56. *L'Esprit caché de la liberté*, de Tarthang TULKU.
57. *Métanoia. Phénomènes physiques du mysticisme*, d'Aimé MICHEL.
58. *L'Enseignement de Ramana Maharshi*, traduit par A. DUPUIS, A. PERRELI et J. HERBERT.
59. *Le Bol et le Bâton*, cent vingt contes Zen racontés par Maître Taisen DESHIMARU.
60. *Traité de l'amour*, d'Ibn 'ARABÎ, introduction, traduction de l'arabe et notes de Maurice GLOTON.
61. *L'Évangile de Thomas*, traduit et commenté par Jean-Yves LELOUP.
62. *L'Enseignement du Dalaï-Lama*, de Tenzin GYATSO, traduit par G. TULKU, G. DREYFUS et A. ANSERMET.
63. *La Montagne vide, anthologie de la poésie chinoise*, traduction de Patrick CARRÉ et Zéno BIANU.

64. *Mystères de la sagesse immobile*, de Maître TAKUAN, traduction et présentation de Maryse et Masumi SHIBATA.
65. *La Sagesse du désert, aphorismes des Pères du désert*, de Thomas MERTON, traduction de Marie TADIÉ.
66. *La Pratique du yoga intégral*, de Shrî AUROBINDO, textes groupés, traduits et préfacés par Jean HERBERT.
67. *L'Autre Rive*, textes fondamentaux du Zen commentés par Maître Taisen DESHIMARU. Présentation par Evelyn de SMEDT.
68. *Méditation et santé selon les traditions et médecines chinoises*, de Gérard EDDE.
69. *Métaphysique et psychologie*, de Shrî AUROBINDO.
70. *Le Mesnevi. 150 contes soufis*, de DJÂLAL AL-DÎN RÛMÎ.
71. *Initiation et sagesse des contes de fées*, de Dennis BOYES.
72. *Initiation aux Livres des Morts égyptiens*, de Fernand SCHWARZ.
73. *Ivre de Tao. Li Po, voyageur, poète et philosophe, en Chine, au VIII<sup>e</sup> siècle*, textes réunis et présentés par Daniel GIRAUD.
74. *Futuwah, traité de chevalerie soufie*, traduit et introduit par Faouzi SKALI.
75. *Qui suis-je ? La quête sacrée*, par Jean KLEIN.
76. *L'Évangile de Jean*, traduit et commenté par Jean-Yves LELOUP.
77. *Les Secrets du Soi*, suivi par *Les Mystères du Non-Moi*, de Mohammad IQBAL.
78. *L'Arbre de Vie. Introduction à la Cabale*, de Z'ev Ben Shimon HALEVI.
79. *Le Livre des œuvres divines (Visions)*, de Hildegarde de BINGEN, présenté et traduit par Bernard GORCEIX.
80. *Instructions fondamentales*, de Kalou RINPOTCHE.
81. *Le Prophète*, de Khalil GIBRAN, présenté et traduit par Marc de SMEDT.
82. *La Paix monastique*, de Thomas MERTON.
83. *Le Fou et le Créateur*, de Daniel PONS.
84. *Zen et christianisme*, de Evelyn de SMEDT.

## Album « *Spiritualités vivantes* »

*Offrande*, texte et photos de Daniel PONS.

## « *Espaces libres* »
## Collection dirigée par Marc de Smedt
### au format de poche

1. *Éloge du Silence*, de Marc de SMEDT.
2. *L'Érotisme et le Sacré*, de Philippe CAMBY.
3. *L'Aura. Le corps de lumière*, de David TANSLEY.
4. *La mort est une autre naissance*, collectif avec une préface de Marc ORAISON.
5. *La Magie des plantes*, de Jacques BROSSE.
6. *L'Esprit des jeux*, de Jean-Michel VARENNE et Zéno BIANU.

## « *L'Expérience intérieure* »
Collection dirigée par Marc de Smedt

*Traversée en solitaire*, de M.-M. DAVY.
*Le Jeu de l'amour et de la sagesse*, de Denise DESJARDINS.
*Sur la barque du temps*, de Jean E. CHARON.

## Série « *Vécu* »

*L'Enseignement de l'Arbre-Maître*, de M. MERCIER.
*Les Chemins de l'Esprit*, de M. MERCIER.
*Écrits de Sénanque*, de E. MUHEIM.
*Le Corps du Méditant*, de M. RANDOM.
*Le Rire du Tigre*, de M. de SMEDT.
*Gurdjieff et A. R. Orage en Amérique*, de Louise WELCH.

## Hors collection

*Revivre nos vies antérieures*, de J.-L. SIEMONS.
*Mourir pour renaître*, de J.-L. SIEMONS.
*Cimes. Extase et sport de l'extrême*, de R. SCHULTHEIS.
*Le Dernier Tableau de Wang Wei*, de A. BUISSET.
*Musique et extase. L'audition mystique dans la tradition soufie*, de Jean DURING.
*Rien qu'un sac de peau. Le Zen et l'Art de Hakuin*, de maître HAKUIN.
*La Planète bleue*, de M.-J. GROJEAN.
*L'Expérience du Zen*, de Thomas HOOVER.
*Papa, Maman, écoutez-moi vraiment*, de Jacques SALOMÉ.
*Enseignements essentiels*, du DALAÏ-LAMA, Prix Nobel de la Paix.
*Les Arts martiaux et l'art du management*, de Robert PATER.
*Thomas Merton, un trappiste en Orient*, de Gilles FARCET.
*L'Église et les religions*, du Père Jacques VIDAL.

## Revue « *Question de* »

60. *Alexandra David Neel.*
61. *Tibet. Une culture en exil.*
62. *Astrologies indienne, arabe, chinoise et occidentales.*
63. *Racines et secrets de la franc-maçonnerie.*
64. *Psychologies transpersonnelles.*
65. *L'Esprit des hauts lieux.*
66. *Les Ermites.*
67. *La Méditation.*
68. *L'Apocalypse de Jean.*
69. *La Prière.*

70. *Les Demeures du sacré. Pour une architecture initiatique.*
71. *La Mort et ses destins.*
72. *La Structure Absolue.* Raymond Abellio.
73. *Le Lieu du Temple. Géographie sacrée et initiation.*
74. *Prophètes d'aujourd'hui.*
75. *Méditer et agir.*
76. *Nouvelles émergences.*
77. *Anthologie de l'extase.*
78. *Le Maître de Nô.* Armen Godel.
79. *L'Enracinement et l'ouverture.* J.-Y. Leloup.
80. *Le Sacrement de l'Instant.* Présence de Jean Sulivan.

*La reproduction photomécanique*
*et l'impression de ce livre ont été effectuées*
*par l'Imprimerie Bussière*
*pour les Éditions Albin Michel*

*Achevé d'imprimer en février 1990*
*N° d'édition : 11004. N° d'impression : 235*
*Dépôt légal : mars 1990*

*Imprimé en France*